Andere Zeiten

David Pawn

Verlag Geschichtenzisterne
Silvia Klöpper
Altenberger Str. 70
48565 Steinfurt

FreshFrozenMikel@online.de
Umschlaggestaltung: Jaqueline Spieweg
Umschlagmotive: Shutterstock.com 355115585 von Aleksei Isachenko; 452363785 (Ellerslie); 300331805 (Natsha Pankina)
Lektorat: Ann-Sophie Schnitzler
Satz: Michael Siedentopf

ISBN: 978-3-9821610-0-6

Zeitenwende

Vier Männer standen in der hallenartigen Höhle im Berg und starrten auf die schwarze Röhre vor ihnen. Dieses Gebilde aus einem ihnen unbekannten Material ruhte im Fels und schien einen Tunnel in die Unendlichkeit zu bilden. Es ließ sich nicht sagen, wie weit es tatsächlich in den Berg hineinreichte. Die innere Oberfläche glänzte wie polierter Onyx. Darauf glühten sternengleich helle Einsprengsel, zwischen denen violette Entladungen zuckten. Der Einstieg in diesen Tunnel musste um die drei Meter im Durchmesser haben.

„Das ist er also", sagte einer der vier, ein Mann mit asketischen Gesichtszügen und dem glühenden Blick eines Fanatikers.

„Das ist er", bestätigte ein anderer. Er steckte in einem mausgrauen Anzug. Alles an seiner Erscheinung schrie „Beamter" in die Welt hinaus, vom streng gescheitelten Haar über den exakt getrimmten Schnurrbart bis zu den auf Hochglanz polierten Schuhen. Er hatte eine Aktentasche in der Hand.

„Dann wollen wir mal anfangen, meine Herren." Der Asketische rieb seine Hände. „Heinrich, mach den Apparat startklar. Wir gehen zehn Jahre zurück." Er deutete zu einem Schaltschrank hinter ihnen.

Der Angesprochene rückte seine Brille mit den runden Gläsern zurecht, dann setzte er sich in Bewegung. Er gehörte zu den Menschen, die einem nicht auffielen, wenn man sie sah. Vermutlich hätte er seelenruhig unmaskiert eine Bank überfallen können. Die Zeugen hätten außer der

Brille und dem Schnurrbart nicht viel beschreiben können. Ein netter Mann, dachte man. Und irrte.

Der vierte im Bunde trug eine phantasievolle Uniform, die wohl militärisch wirken sollte, wenngleich niemand bei der Armee hätte sagen können, was sie darstellte. Ein paar Orden steckten an seiner Brust, die er sich selbst verliehen hatte.

Inzwischen hielt der Asketische eine flammende Rede. „Meine Herren, wir werden versuchen, die Geschicke des Landes wieder in die richtigen Bahnen zu lenken. Viel zu lange haben wir mit angesehen, wie Weiber, Pazifisten und Verdorbene die Herrschaft an sich reißen. Wir werden Deutschland wieder groß machen. Dazu bedarf es nur ein paar winziger Korrekturen in der Vergangenheit."

„Was ist, wenn es schiefgeht?", wandte der Beamtentyp ein.

„Was soll denn schiefgehen, Klaus? Wir haben alles besprochen. Wir brauchen einen Mann mit klarem Blick für das Wesentliche. Wir werden ihm auf den Platz helfen, der ihm zusteht. Dann wird Deutschland erwachen." Immer wenn der Typ mit den hohen Wangenknochen sprach, blickte er drein, als spreche er vor tausenden Zuhörern. Er schaute in eine imaginäre Weite oder eine strahlende Zukunft, die sich nur ihm offenbarte.

Dieser Mann konnte ein ganzes Volk hypnotisieren, dachte Klaus. „Die Anlage ist noch im Bau. Meine Kollegen haben erklärt, es würde noch Jahre dauern, bis gezielte Zeitsprünge sicher möglich wären."

„Papperlapapp", blaffte der Uniformträger. „Du hast nur Angst."

„Nein, ich ..."

„Dann ist es ja gut", sagte der Mann mit dem hypnotischen Blick. Er schaute von Klaus zu dem Bebrillten. „Wie weit bist du?"

Der legte einen Schalter um. „Fertig", sagte er.

„Also meine Herren, packen wir es an. Für Deutschland!"

„Für Deutschland!", sagten die übrigen drei im Chor.

Sie traten in die Röhre und warteten. Draußen im Schaltschrank knisterte es. Ein paar grüne Funken stoben durch die Röhre. Dann verschwanden die Männer. Sie wurden nicht blasser und schließlich durchsichtig oder in die Unendlichkeit gesaugt. Nein, sie verschwanden einfach. Eben standen sie noch dort und eine Millisekunde später waren sie weg.

Schwärze empfing die vier Männer. Sie standen in einem scheinbaren Nichts. Klaus tastete über sein Gesicht, um sich seiner Existenz zu vergewissern.

„Wo sind wir?", fragte einer.

„Und wann sind wir?", erklang eine weitere Stimme.

„Etwas ist schiefgelaufen." Die energische Stimme des Asketischen. „Wie kommen wir zurück?"

„Einen Augenblick ..." Klaus wühlte in seiner Aktentasche, bis er ein längliches Objekt spürte, etwa so groß wie eine Taschenflasche. Auf dessen Oberfläche ertastete er mehrere Erhebungen aus Gummi. Er musste nur die richtige niederdrücken, dann holte der Apparat sie wieder nach Hause. Wenn er korrekt funktionierte. Und genau dies war noch lange nicht sichergestellt.

Er hatte es den anderen gesagt. Mehrmals. Der Zeitapparat des Amtes war im Bau, er wurde noch erprobt und täglich fanden die Herren Ingenieure neue Schwachstellen, die sie noch ausbessern mussten.

Aber seine Begleiter wollten nicht länger warten. Sie wollten nicht täglich auf den Straßen Verdorbenen begegnen, die sie Veränderte nennen mussten. Sie wollten diese Kreaturen zumindest sicher hinter Gittern, besser noch tot sehen. Und dann dieser ewige Frieden, dieses Händeschütteln auf höchster Ebene. Das Militär war nur noch eine Randerscheinung. Die jungen Leute strebten keine militärische Karriere an, sondern schwärmten von Wissenschaft und freier Entfaltung.

Ja, diese Männer an seiner Seite hatten recht. Man musste das Rad der Geschichte zurückdrehen, um es weiterdrehen zu können. Sie würden Deutschland in ein neues Zeitalter führen. Aber diese Aktion war überstürzt abgelaufen. Sie hätten sich gedulden müssen. In einem oder zwei Jahren wäre der Apparat vollständig einsatzbereit gewesen. Man würde nicht länger Hunde und Kaninchen, sondern Menschen sicher durch die Zeit transportieren. Und nicht, wie mit den Taschengeräten ein paar Stunden oder Tage, sondern Jahrhunderte, gar Jahrmillionen. Aber Geduld war eine Tugend, die diesen Männern abging.

Klaus drückte einen der Knöpfe und bat zu Gott, es möge der Richtige sein.

„Scheint so, als habe es funktioniert", sagte der Mann in der Uniform und trat als erster aus der schwarzen Röhre heraus. „Klaus hat recht gehabt. Wir müssen noch warten." Er wandte sich um. Sie waren nur noch zu dritt. „Wo ist Klaus?"

Die Männer schauten einander an.

„Verschollen in der Zeit", sagte der Asketische. „Opfer gibt es in jedem Kampf, Hermann."

Sie eilten aus der Höhle heraus in den beginnenden Tag. Einige Vögel sangen ihr Morgenlied, während sie in einen Wagen stiegen und Richtung Baden-Baden davonfuhren.

„Wir brauchen eine Zeitung", sagte Hermann, der am Steuer saß. „Wir müssen wissen, ob es etwas bewirkt hat."

„Wie kann es etwas bewirkt haben?" Der asketische Typ klang erzürnt. „Wir waren keine fünf Minuten weg und standen nur in absoluter Finsternis herum."

„Vielleicht konnte Klaus ..."

„Er war ein Waschlappen. Pah!"

Schweigend setzten sie die Fahrt fort. Sie erreichten den Leopoldplatz. Zeitungsjungen versuchten die Nachrichten vom Tage an Kurgäste und Einheimische zu verkaufen. Hermann stoppte den Wagen, Heinrich sprang nach draußen, eilte zu einem der Jungen und ließ sich eine Zeitung geben. Mit dieser in der Hand rannte er zum Auto zurück und stieg wieder ein.

Die Männer auf den Vordersitzen wandten sich um.

„Nun gib schon her", sagte der Asketische.

Heinrich gab die Zeitung nach vorn, sie wurde ihm förmlich aus der Hand gerissen.

„Das ist neu", sagte Hermann und deutete auf einen Artikel.

„Himmel, ist das da wirklich passiert?", ließ sich Heinrich vernehmen, der über den Beifahrersitz gebeugt saß.

Der Asketische schaute noch einmal auf das Datum im Kopf des Blattes, um sicherzugehen, dass sie in ihre Zeit zurückgekehrt waren.

„Wir müssen etwas bewirkt haben", sagte er. „Meine Herren, wir können uns gratulieren."

„Wir wissen nicht, wie weit die Veränderungen gehen", sagte Hermann.

„Nein, aber wir wissen jetzt, dass wir erreichen können, was wir wollen. Wenn wir nur an uns und unsere Sache glauben. Meine Herren! Für Deutschland!“

„Für Deutschland!“, erwiderten die beiden anderen im Chor.

Sie wussten alle drei nicht, dass sie die Zeit auseinandergerissen, eine Veränderung ungeahnten Ausmaßes bewirkt hatten. Sie befanden sich buchstäblich in einer anderen Zeit.

Ein Jahr später

Höllenschlund

Die Tür zu dem niedrigen Kellerraum schwang auf und Amtsrat Gerber trat ein. Er sah, im Gegensatz zu jenem Beamten, der an dem abgeschabten Schreibtisch unter dem Fenster saß, wie üblich wie aus dem Ei gepellt aus. Die Uniform musste man ihm auf den Leib geschneidert und noch am Morgen frisch aufgebügelt haben.

Kommissar Fuchs wandte sich in seinem Sitz halb zu ihm um und blickte ihn unter halbgeschlossenen Lidern hervor an. Fuchs wirkte stets so, als sei er nur Sekunden davon entfernt, in einen tiefen Schlaf zu sinken.

Gerber hielt Fuchs für einen Spinner, den man völlig zu Recht hier unten in das Souterrain verbannt hatte. Der Raum sah aus, als handele es sich um eine Rumpelkammer, nicht um das Büro eines Reichsbeamten. Er hätte es keine fünf Minuten unter der staubigen Glühbirne im Angesicht der Stahlregale ausgehalten. Ihn hätte immer das Gefühl beschlichen, diese würden jeden Augenblick auf ihn stürzen, um ihn unter sich zu begraben. Ein deutscher Beamter stand für Ordnung und Sauberkeit – in seinen Diensträumen und in seinem Verstand.

Aber Fuchs mochte so irre wie der Märzhase sein, er gehörte zu den fähigsten Investigatoren des Amtes. Wann immer es zu seltsamen Zwischenfällen in Verbindung mit Æther kam, musste Gerber sich befleißigen hier hinabzusteigen, um seinen Mitarbeiter mit dem Fall vertraut zu machten.

Gerber starrte auf das Bild an der linken Wand. Er hatte Fuchs bereits zwei Mal angewiesen, es zu entfernen, ohne dass dieser der Aufforderung nachgekommen war. Eine

Ætherwolke erhob sich über einem morgendlichen Flussbett. Im Dunst erkannte man im Hintergrund eine seltsame Gestalt, die näherzukommen schien. Der Dunst verzerrte ihre Umrisse, sodass sie wie eine Kreuzung aus einem Bären und einem Schmetterling erschien. Jemand hatte mit Pinsel und roter Farbe „Die Wahrheit ist irgendwo im Æther" in den Dunst gemalt. So einer war Martin Fuchs.

„Was haben Sie heute, Amtsrat Gerber?"

„Sie müssen nach Magdeburg. Zwischenfall in der neuen Gießerei von Krupp."

Es wird Zeit, dass wir in den anderen Ländern des Reiches Außenstellen bekommen, dachte Gerber. Sie hatten nicht genügend Leute, um sie ständig in der Weltgeschichte herumschicken zu können. Im Schwarzwald und am Bodensee gab es genug Arbeit. Und die Hälfte der Beamten beschäftigte sich in den letzten Jahren sowieso mit dem Projekt „Großer Zeitapparat". Die wollten im wahrsten Sinne des Wortes durch die Weltgeschichte reisen. Und nicht nur Stunden oder Tage, wie es mit den tragbaren Temporalrevidierern möglich war. Im Ergebnis dessen, musste er sich auf Typen wie Fuchs verlassen, wenn es irgendwo im Reich Probleme mit Æther gab.

„Was ist passiert?" Fuchs wandte sich vollends zu seinem Vorgesetzten um.

„Das ist nicht ganz klar. Sicher ist nur, dass eine junge Frau verschwunden sein soll. Sie bediente im Werk gemeinsam mit einem Kollegen eine dieser neuen Turing-Maschinen, die uns das Denken abnehmen sollen."

„Wo kommt der Æther ins Spiel?"

„In dieser Denkmaschine. Der Kollege der jungen Frau behauptet, diese habe Fräulein Stricker – so heißt die junge Dame – verschwinden lassen. Hört sich doch nach einem

Fall an, der Sie interessieren könnte, oder Fuchs? Eine Beamtin von der Polizei erwartet Sie."

Fuchs vermeinte, sich verhört zu haben. Ja, beim Amt für Ætherangelegenheiten arbeiteten eine ganze Reihe Frauen. Das gehörte zu den Traditionen des Amtes. Immerhin war es von einer Frau gegründet worden. Aber in anderen Bereichen des öffentlichen Lebens standen noch immer Männer in der vordersten Linie. Zu den Tugenden des deutschen Beamten gehörten nicht nur Ordnung, Sauberkeit und korrektes Auftreten, sondern auch Bartwuchs. Er selbst hatte kein Problem damit, mit einer Dame zusammenzuarbeiten. Zwei Jahre lang war eine Freifrau von Sachsenburg seine direkte Vorgesetzte gewesen, ehe sie aus dem aktiven Dienst ausschied. Die Dame war das glatte Gegenteil von seinem jetzigen Chef gewesen – klug, aufgeschlossen und immer bereit, dem Monster ins Maul zu greifen, wenn es sein musste. Gerber dagegen war ein Schreibtischtäter, dessen größte Sorge dem Umstand galt, seine Uniform könnte unkorrekt sitzen. Beamte in Zivil waren ihm suspekt.

„Packen Sie ein paar Sachen ein. Dann melden Sie sich reisefertig." Gerber nickte Fuchs zu, machte auf dem Absatz kehrt und verließ den Raum.

Martin Fuchs stand am Bahnsteig und harrte der Dinge, die da kommen mochten. Man hatte aus Baden-Baden telegrafiert und den Beamten in Magdeburg sein Kommen annonciert. Die Antwort bestand in der Mitteilung, die Polizeiinspektorin Diana Schädlich werde ihn in Empfang nehmen. Fuchs stellt den Koffer ab und rückte sein Jackett zurecht.

Der Kragen war schon wieder hochgeschlagen. Feiner Zwirn mochte ihn nicht. Er setzte seinem Bemühen, in ihm wie ein echter Beamter zu wirken, Widerstand entgegen, zeigte spontan Flecken, obwohl er nichts auf den Stoff gekleckert hatte, verzog sich und warf Falten.

Eine junge Frau mit langen blonden Haaren und einem bezaubernden Lächeln auf den vollen Lippen hielt auf ihn zu. Sie trug ein knielanges, weißes Sommerkleid, das gut zu einem Spaziergang durch den Kurpark seiner Heimatstadt gepasst hätte. Sollte diese Person tatsächlich die avisierte Polizeiinspektorin sein?

Sie trat vor ihn und fragte: „Kommissar Fuchs?“

„Der bin ich. Dann sind Sie wohl Fräulein Schädlich?“ Er hielt ihr die Rechte zur Begrüßung hin.

„Inspektorin Schädlich, bitte. Vergessen Sie das Fräulein. Fräuleins flanieren auf dem Breiten Weg und suchen einen Heiratskandidaten.“ Sie schüttelte ihm trotz dieser Zurechtweisung die Hand.

Sie verließen den Bahnsteig Seite an Seite. Fuchs musterte seine Begleiterin verstohlen. Er ahnte, dass er eine erneute Kopfwäsche verpasst bekäme, wenn sie es bemerkte. Die junge Dame ging in aufrechter Haltung durch die Bahnhofshalle wie ein spanischer Grande, der über seine Ländereien schreitet. Hin und wieder wandte sie den Kopf leicht nach links oder rechts, um ein Detail aufzuschnappen.

Plötzlich beschleunigte sie den Schritt, wandte sich nach rechts und packte einen älteren Herrn an der Schulter, der in der Schlange am Fahrkartenschalter stand. Fuchs erreichte die beiden gerade, als sie sagte: „Und was ist das da in deiner linken Jacketttasche?“

„Nichts, Inspektorin.“

„Das Nichts beult den Stoff aus, Eddi." Sie hielt ihm eine offene Handfläche hin. „Ich habe dich beobachtet. Man könnte denken, du wirst alt. Warst schon mal schneller mit den Fingern. Gib's her und verschwinde. Wenn ich dich noch einmal erwische, fährst du wieder ein."

Eddi schaute zu Boden, nestelte eine Brieftasche hervor und drückte sie der Inspektorin in die Hand.

„Und jetzt ab!"

Mit raumgreifenden Schritten eilte der Dieb davon.

Inspektorin Schädlich wandte sich kurz zu Fuchs um. „Eigentlich ist er ein armes Schwein. Aber er sollte dennoch keinen beklauen. Woher will er wissen, dass es nicht auch nur ein armes Schwein ist, dem er die letzten Groschen wegnimmt?"

Sie drehte sich wieder um, schritt an zwei der Wartenden vorbei zu einem Herrn mit Walrossschnauzer. Sie tippte ihm auf die Schulter. „Das haben Sie verloren, mein Herr", sagte sie.

„Oh! Danke, vielen Dank." Der Herr sah ehrlich erschrocken aus.

Gemeinsam traten sie aus der Bahnhofshalle nach draußen. Der Unterschied zwischen dem mondänen Bad und dieser Stadt voller Schweiß, Ruß und Tränen ließ sich beinahe mit den Händen greifen. Die Luft roch, als käme sie aus einem alten Ofen. In der Höhe sah er einige Ætherschwaden wie Nordlichter über den Himmel wabern. Dort im Osten lag vermutlich der Fluss. Direkt vor sich rechterhand verkündete ein Plakat den aktuellen Spielplan des Theaters. Siglinde von Himmelslicht, die gefeierte Sopranistin, gab ein Gastspiel. Fuchs hatte die Dame vor Jahren in Karlsruhe erlebt, sie musste inzwischen älter als sechzig sein.

Über allem ragten die Türme des Doms hinauf. So wie der Baden-Badener wusste, er war bald daheim, wenn die Höhenzüge des Schwarzwaldes sich zeigten, mochten sie den hier Einheimischen ein Gefühl von Heimat und Sicherheit vermitteln. Anders als am Dom zu Köln hatte es hier keine wandelnden Skelette und herumfliegenden Steinfiguren gegeben.

„Kommen Sie", forderte die Inspektorin und Fuchs bemerkte, dass er in Gedanken versunken war.

„Wohin fahren wir? Was ist so besonders an dem Fall, dass man das Amt hinzuzieht?"

„Das sehen Sie, wenn wir dort sind. Und: Ich weiß es nicht. Mein Chef hat das zu verantworten." Da sprach Frust aus den Worten der jungen Frau. Vermutlich hielt ihr Chef sie für überfordert, was ihr ganz und gar nicht gefiel. „Ein Kollege von dieser Frau Stricker behauptet steif und fest, die Denkmaschine der Gießerei stecke hinter der Sache." Sie blieb stehen und schaute Fuchs ins Gesicht. „Unsinn, wenn Sie mich fragen. Aber mein Chef scheint dem Mann zu glauben."

„Es gibt viele Rätsel des Æthers, die noch einer Lösung harren", erwiderte Fuchs. Die Inspektorin winkte nur ab, wandte sich um und setzte sich wieder in Bewegung.

Sie gingen zu einem schwarzen Horch mit Æthereinspritzung und Turing-Steuerung. Diese gehörte zum letzten Schrei der Fahrzeugtechnik. Eine Denkmaschine nahm dem Fahrer einen Teil der Arbeit ab. Sie kuppelte ein und aus, wenn die Drehzahl des Motors dies erforderte, schaltete je nach Steigung in einen höheren oder niedrigeren Gang und ließ einen durchdringenden Hupton erklingen, wenn man im Rückwärtsgang einem Hindernis zu nahe kam. Die Wunder des Æthers – da waren sie.

Turing hatte erst vor zwei Jahren die Weiterentwicklung der Babbagemaschine revolutioniert und heute sprachen alle davon, er habe die Menschheit in ein neues Zeitalter katapultiert.

Inspektorin Schädlich nahm auf der Fahrerseite Platz. Ein Druck auf einen Knopf auf dem Armaturenbrett ließ die Beifahrertür aufspringen. Fuchs stieg ein. Er strich über das Leder der Sitzbezüge. „Die Polizei in Anhalt lebt nicht schlecht“, sagte er.

„Sie glauben doch nicht, dies sei ein Dienstwagen?“ Die Inspektorin kicherte und für einen Augenblick wirkte sie viel jünger. „Wenn ich es eilig habe, nehme ich lieber das eigene Auto.“

Fuchs schloss die Tür auf seiner Seite und praktisch im gleichen Augenblick fuhr die Inspektorin an. Er hatte den Verdacht, sie würde gleich vom Boden abheben.

Inspektorin Schädlich scherte auf die linke Spur der Hauptstraße aus und raste an ein paar anderen Fahrzeugen vorbei. Einer der anderen Fahrer tat seinen Unmut mit Hilfe der Hupe kund. Nur zögerlich wagte Fuchs, wieder zu atmen.

Sie erreichten einen kleinen, dafür umso stärker befahrenen Platz. Aus fünf Richtungen mündeten Straßen in einen Kreisverkehr. Und um das Chaos perfekt zu machen, kreuzten sich die Schienen mehrerer Trambahnlinien. Eines dieser Gefährte bog gerade quietschend ein und blockierte den Autos den Weg.

Die junge Frau bremste scharf und Fuchs stieß mit dem Kopf an die Frontscheibe.

„Sie müssen schon aufpassen!“, mahnte die Inspektorin.

„Da könnte auch mal jemand was erfinden“, sagte Fuchs.

„Wofür?“

„Na, dass man in seinem Sitz gehalten wird, wenn der Wagen plötzlich anhält. Dann flögen nicht bei jedem Unfall die Leute durch die Frontscheibe. Aber man erfindet nur Sachen, um Autos immer schneller zu machen."

„Die Turingsteuerung sorgt auch für mehr Sicherheit.", sprach Schädlich und fuhr energisch wieder an.

Sie rasten weiter gen Süden. Fuchs vermeinte, die Luft vor dem Wagen würde mit jedem Kilometer, den dieser fraß, rußiger.

Linkerhand erblickte Fuchs plötzlich einige gläserne Gebäude und dahinter eine Grünanlage. Sie wollten gar nicht zu dieser Stadt passen.

„Die Grusonschen Gewächshäuser. Der Herr Unternehmer war ein begeisterter Botaniker. Kennen Sie den Schwiegermuttersitz?"

„Was?"

„Einen Kaktus. Heißt eigentlich Echinocactus grusonii. Wenn wir unsere Vermisste gefunden haben, zeige ich Ihnen einen. Jetzt zeige ich Ihnen aber erst einmal, was der Herr Gruson sonst noch in der Stadt gebaut hat."

Sie passierten erste Werkhallen und Mietskasernen und hielten schließlich vor einem Koloss aus Backstein. Die Inspektorin stieg aus, Fuchs folgte ihr.

„Das ist", deklamierte sie im Stile eines Museumsführers, „eine der modernsten Gießereien des Reiches. Hier wird Stahl für alle Winkel der Welt geschmolzen und in Form gebracht." Sie ging mit forschem Schritt voran. Fuchs konnte ihr gerade so folgen.

Eine Tür schwang automatisch vor ihnen auf, als sie sich ihr näherten. „Optische Sensoren", sagte Inspektorin Schädlich und deutete auf eine Apparatur über der Tür. „Auch im Inneren gibt es welche."

Direkt hinter der Tür führte der Weg an einer Pförtnerloge vorbei. Die Inspektorin und Herr Fuchs wiesen ihre Ausweise vor. Nach einigen Schritten einen schmalen Gang entlang, betraten sie die Hölle.

Jedenfalls war dies der erste Eindruck, den Fuchs von der gewaltigen Werkhalle gewann. Lärm und Hitze schlugen ihnen entgegen. Direkt gegenüber dem Eingang öffnete sich gerade ein Schlund und ließ flüssiges Metall rotglühend in ein Becken strömen. Männer in Schutzkleidung zogen und zerrten die lavaartige Masse heraus und in gewaltige Bottiche. Diese wurden über bereitstehenden Formen ausgegossen.

Fuchs erinnerte sich an ein Gedicht von Friedrich Schiller in dem es hieß: *„Den werft mir in die Hölle dort, dass er zu Asche gleich vergehe und ihn mein Aug' nicht wieder sehe!"* Wer in diesem Schlund verschwand, der ward gewiss nie wieder gesehen.

Über ihnen bewegte eine Laufkatze einen stählernen Bottich zur anderen Seite, dabei Geräusche wie tausend gequälte Seelen von sich gebend, als wolle sie Fuchs' Gedanken unterstreichen.

Jemand trat zu ihnen. Für einen Augenblick glaubte Fuchs eine Gestalt aus einem Roman, ein Maschinenmensch, stehe ihnen gegenüber, aber dann erkannte er, dass nur die silbrige Verkleidung der dicken Schutzmontur ihn narrte. Der Hinzugekommene nahm die Kopfbedeckung mit der geschwärzten Sichtscheibe ab und präsentierte einen Kopf rund und kahl wie eine Kegelkugel. Der Mann mochte die Fünfzig bereits hinter sich gelassen haben. Ein beachtlicher Bauch wölbte sich unter Leder und Asbest.

„Gebhard, Vorarbeiter, und wer sind Sie?“ Sein Blick sagte, dass sie schneller von hier verschwunden sein würden, als sie *Eisen* sagen konnten, wenn sie hier nichts zu suchen hatten.

Fuchs und die Inspektorin wiesen erneut ihre Ausweise vor.

„Ach, Sie komm‘ wohl wejen der Kahlen.“

„Wir sind wegen Fräulein Stricker hier, ja“, bestätigte die Inspektorin.

„Sind hier alle haarlos?“, raunte Fuchs.

Schädlich sah ihn völlig ratlos an. „Wie kommen Sie darauf?“

„Er sprach von einer Kahlen?“

„Eine junge Frau. Eigentlich meint das Wort einen Säugling. So wie die Amerikaner immer Baby zu ihren Liebsten sagen.“

„Sie sind wohl nich‘ von hier, wa?“, fragte Gebhard.

„Nein, ich gehöre zum Amt für Ætherangelegenheiten in Baden-Baden.“

„Weit jereist. Naja. Dann kommen Se mal mit. Ich führ‘ Sie hoch ins Allerheilichste.“ Gebhard ging voran und hielt auf eine Treppe aus Metallrosten zu. Diese stiegen sie hinauf und erreichten einen Aufbau, der wie über der Halle schwebend angeordnet war. Eine Fensterfront über die gesamte Breite der hängenden Baracke bot jenen, die darin waren, einen Überblick über alle Vorgänge in der Gießerei.

„Hier residieren die Kodierer“, sagte Gebhard, öffnete die Tür und sie traten ein. „Paul, Besuch für dich“, rief er einem jungen Mann zu, der an einem Pult in der Mitte des Raumes saß und durch die Frontscheibe nach draußen blickte. Hinter ihm erstreckte sich auf ganzer Länge des Raumes eine Art Schaltschrank.

Fuchs registrierte eine Unzahl Lämpchen, die in einem gewissen Takt aufleuchteten und wieder erloschen. Dazu gesellten sich verschiedene Anzeigen und Schalter. Außerdem gewahrte er drei Kameras, ähnlich denen am Eingang, die durch die Scheiben nach draußen blickten.

Der junge Mann hatte sich inzwischen erhoben. Mit ausgestreckter Hand trat er auf sie zu. „Paul Brenner", stellte er sich vor.

„Inspektorin Schädlich, Kriminalpolizei. Und das ist Kommissar Fuchs vom Amt für Ætherangelegenheiten."

Bei der Erwähnung des Amtes atmete Brenner tief durch, als werde ihm eine Last vom Herzen genommen.

„Dann kann ich mich wohl wieder um meine Arbeit kümmern, wa?", sagte Gebhard.

„Wenn wir Sie benötigen, geben wir Bescheid. Danke." Die Inspektorin sah Gebhard bei diesen Worten nicht einmal an.

Fuchs schaute durch die Glasfront nach draußen. Von dieser Position aus wirkte die Gießerei noch beeindruckender. Ihm schien, als sähe er in den Schlund eines brodelnden Vulkans. Gerade ergoss sich wieder ein feuriger Schwall in einen der vorbereiteten Bottiche, aus denen das Metall später in die Formen gefüllt wurde.

„So, jetzt erzählen Sie mal Ihre Geschichte", wandte sich die Inspektorin unwirsch an den jungen Mann. „Warum ist der Kommissar hier? Eine junge Frau ist verschwunden. Das ist nicht schön, aber auch nichts, womit sich das Amt für Ætherangelegenheiten beschäftigen muss. Also, was soll das?"

„Ich glaube, Luisa ... also Fräulein Stricker ist nicht mehr am Leben und Maria ist schuld daran."

„Maria? Wer ist Maria? Eine Ihrer Verflossenen?"

„Die Denkmaschine“, erwiderte Brenner und deutete nach draußen zur anderen Seite der Halle, wo auf der rechten Seite eine weitere hausgroße Baracke über der Halle hing. Ein Gang aus Metallplatten führte hinüber.

„Sie geben einer Maschine einen Namen?“, fragte die Inspektorin, als hielte sie dies für ein sicheres Zeichen von Irrsinn.

„Das ist kein Name. Das ist eine Abkürzung für Mathematisch-arithmetische Rechen- und Instruktionsanlage. Aber manchmal verhält sie sich durchaus, als habe sie einen Namen verdient.“

Als müsse man das Ding überhaupt wie ein Wesen ansprechen, dachte Fuchs, dem die Formulierung des jungen Mannes durchaus beachtenswert erschien.

„Wie kommen Sie auf die Idee, Ihre Denkmaschine habe Ihre Kollegin verschwinden lassen?“, fragte die Inspektorin.

Der junge Mann wrang die Hände. „Verstehen Sie … ich … ich habe Luisa geliebt.“

„Reden wir von Eifersucht?“ Die Inspektorin klang ungehalten. „Ist es das, wovon wir sprechen? Sie behaupten, diese Denkmaschine sei eifersüchtig auf Ihre Kollegin gewesen?“

„Eifersucht würde ich es nicht nennen. Eher Trotz. So wie ein Kind, das der Meinung ist, seine Eltern schenken ihm nicht genug Beachtung, weil plötzlich ein Brüderchen angekommen ist.“

„Das ist doch Blödsinn, Herr Brenner. Noch ist nicht einmal klar, ob Fräulein Stricker nicht noch lebt und ein paar nette Tage an einem Strand verbringt.“

„Das kann ich mir nicht vorstellen“, platzte Brenner heraus. „Sie hätte es ihren Eltern gesagt. Sie hätte es mir gesagt. Außerdem hat niemand sie die Gießerei verlassen sehen.

Und sie haben erlebt, wie penibel die Sicherheitsbestimmungen sind. Immerhin arbeiten wir hier mit Æther."

„Wozu wird der eingesetzt?", mischte Fuchs sich ein.

„Einerseits sind die Öfen ætherunterstützt beheizt ..."

„Was bedeutet das?", fragte die Inspektorin.

„Steinkohleheizung ist die Basis, Æther verstärkt den Wärmefluss. Und natürlich wird die Turingmaschine mit Æther betrieben. Jedenfalls müssen wir hohe Sicherheitsauflagen erfüllen. Hier kommt gewöhnlich niemand hinein, der hier nichts zu suchen hat. Und wir sehen auch, wer hinausgeht. Darum ist der Alarm auch so unerklärlich."

„Welcher Alarm?"

„In der Nacht als Luisa verschwand – sie hatte die Nachtschicht übernommen – gab es einen Alarm aus dem Raum, in dem Maria untergebracht ist. Ein Eindringling wurde gemeldet. Ich vermute, deshalb hat Luisa den Kontrollraum verlassen."

„Wäre es nicht vernünftiger anzunehmen, jener Eindringling habe Ihre Kollegin auf dem Gewissen, falls sie nicht doch nur abgängig ist."

„Wo soll der hergekommen sein?" Der junge Mann deutete durch die Scheibe. „Sehen Sie doch hin. Man kommt nur über die Kabelbrücke hinüber. Da müsste sich jemand materialisiert haben."

„Aber wenn Ihre Kollegin da hinübergelaufen ist, muss sie doch an einen Eindringling geglaubt, vielleicht gar einen gesehen haben, oder?"

„Ja, nun ... äh" Brenner druckste herum. Offenbar erkannte auch er, dass seine Annahme, es habe gar keinen Eindringling gegeben, an dieser Stelle wankte.

Die Inspektorin sah zu Fuchs. „Ein Zeitreisender vielleicht? Beim Amt spielt ihr doch mit so etwas herum."

„Und der ist vier, fünf Meter über dem Boden aufgetaucht? Zweifelhaft."

In diesem Moment meldete sich eine knarrende Stimme. „Vorbereitung, Charge 1246."

„Maria verlangt nach mir", sagte Brenner. Er erhob sich, trat an den Schaltschrank und betätigte zwei Knöpfe. Dann trat er an den Arbeitstisch zurück, beugte sich über das Mikrofon in der Mitte und sagte betont: „Maria! Lot drei einfahren! Gehäuse für Buckau-Wolf vorbereiten!"

Er kehrte an den Schaltschrank zurück, betätigte einen weiteren Schalter und setzte sich anschließend wieder an seinen Platz.

„Wir heißen zwar noch Kodierer", sagte er. „Aber Maria steuern wir mit direkter Spracheingabe."

Unten in der Halle setzte sich unter der Kabelbrücke eine Reihe von Schienenwagen in Bewegung, jede war mit Barren aus Metall gefüllt. Sie näherten sich einer Öffnung im Schmelzofen und schütteten ihre Last selbständig hinein.

„Warum befindet sich Maria eigentlich nicht gleich nebenan?", fragte Fuchs.

„Sie steuert auch den Formbau in der Nachbarhalle."

„Ich würde mir gern einmal den Überweg ansehen", wandte Fuchs sich an die Inspektorin. „Kommen Sie mit?"

„Wenn es sein muss." Sie zuckte die Achseln und setzte sich in Bewegung.

„Warten Sie, ich muss die Tür erst entriegeln." Er beugte sich über das Mikrofon. „Maria! Zugang gewähren!"

Ein Riegel sprang klackend zurück und die Tür zum Kabelgang schwang auf.

Der Kommissar und die Inspektorin traten hinaus. Der Kabelgang war gerade breit genug für eine Person, das Geländer links und rechts reichte nur bis zur Mitte der Oberschenkel. Hier war eindeutig Schwindelfreiheit gefragt.

„Tolle Aussicht", kommentierte die Inspektorin und schritt voran.

Fuchs blickte direkt unter sich durch das Gittermetall in die Loren mit den Stahl- und Eisenbarren.

„Da unten müssen wir auch noch hin", sagte er und deutete auf die beladenen Wagen.

„Was soll das bringen?" Die Inspektorin fuhr herum.

„Wenn jemand die junge Frau hier oben überfallen hat, könnte etwas hinuntergefallen sein."

„Sehen Sie nicht, dass dieses junge, verliebte Streberlein sich da etwas in den Kopf gesetzt hat. Sehr viel wahrscheinlicher ist es, dass die junge Frau irgendwann nach Feierabend auf dem Heimweg abhandengekommen ist. Wir sollten lieber zu ihrer Wohnung fahren und uns dort umsehen. Und in ihrem Umfeld recherchieren, ob jemand etwas davon weiß, dass sie plante, ihre gewohnte Umgebung zu verlassen. Es gibt tausendundeine Möglichkeit, weshalb junge Frauen verschwinden." „Hier ist jedenfalls nichts", sagte Fuchs.

Sie kehrten in den Raum mit der Steueranlage zurück.

„Herr Brenner, Sie kannten Fräulein Stricker offenbar gut. Was wissen Sie über Bekannte, andere Freunde? Kann es sein, dass jemand sie zu einer Spritztour überredet hat?"

„Luisa wäre nie irgendwo hingefahren, ohne mir oder ihren Eltern eine Nachricht zu hinterlassen. Sie wohnte übrigens noch bei ihren Eltern."

„Dennoch, Herr Brenner, glaube ich nicht an diese Denkmaschine-tötet-Nebenbuhlerin-Geschichte. Wie soll der Apparat das überhaupt angestellt haben? Ach!" Sie winkte ab. „Es gibt da draußen Monster auf zwei Beinen." Sie schaute kurz zu Fuchs. „Und damit meine ich keine Veränderten. Männer, die jungen Frauen an dunklen Ecken auflauern. Malen Sie sich den Rest allein aus."

„Apropos", sagte Fuchs. „Gibt es hier Probleme mit Veränderten? Mannwölfe können hin und wieder schwierige Zeitgenossen sein."

Brenner schüttelte den Kopf. „Bei uns arbeiten so gut wie keine Veränderten. Die meisten Tiermenschen kommen mit den harten Bedingungen in der Gießerei nicht klar. Die, die damit klarkommen, sind zu grobmotorisch. Und ein Drache würde uns vermutlich den ganzen Laden zu Kleinholz verarbeiten. Bleiben ein paar leicht Veränderte, Grünhände allesamt." Grünhand – so nannte man Veränderte, deren Veränderung nicht sogleich sichtbar war.

„Ich gehe jetzt da runter", sagte Fuchs. „Wenn Sie nicht mitkommen wollen, meinetwegen." Bei den letzten Worten öffnete er bereits die Tür.

Die Inspektorin schnaufte, folgte ihm jedoch ohne weitere Worte. Sie holte den Kommissar am Ende der Treppe ein.

„Für mich ergeben sich drei Möglichkeiten", erklärte sie, während sie sich zu den Loren unter der Kabelbrücke begaben. „Erstens, dieses Fräulein Stricker hat sich aus unbekannten Gründen aus dem Staub gemacht. Zweitens, jemand hat das Fräulein auf dem Heimweg überfallen. Drittens, es gab hier einen Eindringling und der hat eine Zeugin beseitigt. Was suchen wir unter der Brücke?"

„Einen Hinweis", sagte Fuchs lapidar.

Als sie an den Loren standen, erklärte er: „Jeder geht auf einer Seite die Loren ab. Schauen Sie, ob Sie etwas finden, was nicht hierher passt. Ein Stück Stoff vielleicht. Irgendetwas, das beweisen würde, dass die junge Frau hier unten war."

„Sie denken, man hat sie von der Brücke geworfen?"

„Nicht man – Maria."

„Und wie soll eine Denkmaschine ohne Arme und Beine das angestellt haben? Sie träumen, Herr Kommissar, genau wie das Streberlein. Diese Typen, die sich Tag und Nacht nur mit ihren Maschinen beschäftigen, müssen ja eines Tages durchdrehen."

„Sie haben eine sehr schlechte Meinung von Leuten, die sich mit moderner Technik beschäftigen", erwiderte Fuchs.

„Ich mag keine Leute, die sich zu einer fixen Idee versteigen und mir wertvolle Zeit stehlen. Aber wenn Sie darauf bestehen, suchen wir eben die Stecknadel im Heuhaufen, von der wir nicht einmal wissen, ob sie drinsteckt."

Sie lief an den Loren entlang bis sie eine Lücke entdeckte, breit genug sie zu durchschlüpfen, und huschte hindurch.

„Hey, Sie! Sind Sie lebensmüde, junge Frau?!", schallte ein Ausruf hinter Kommissar Fuchs.

Er sah kurz über seine Schulter. Einer der Arbeiter in seinem den ganzen Körper umhüllenden Schutzanzug stampfte auf ihn zu. Fuchs griff in die Tasche und fischte seinen Ausweis heraus. Er präsentierte ihn dem Ankömmling, aber der schien wenig beeindruckt.

„Dieser Wisch rettet Sie ooch nich', wenn die Loren losrollen", sagte er. „Keener, der noch alle Kerzen uff'm Leuchter hat, krabbelt da durch."

„Gibt es kein Warnsignal?"

„Wozu'n? Weeß jeder, dass man da nich' rüber kann. Ihre Kahle soll bloß uffpassen, wenn se wieder zurückkommt, sonst macht Maria se platt." Die letzten Worte musste der Arbeiter laut herausschreien, weil sich gerade wieder die Laufkatze kreischend durch die Halle bewegte.

„Ich werde es ihr ausrichten." Fuchs nickte dem Arbeiter zu und dieser kehrte zu seinen Aufgaben zurück.

„Man hält Sie für lebensmüde, weil Sie zwischen den Loren durchgetreten sind", rief Fuchs zu der Inspektorin hinüber.

„Sie wollten doch, dass wir auf beiden Seiten suchen", rief sie indigniert zurück.

Sie hatte recht, musste Fuchs zerknirscht zugeben, aber er sagte nichts, sondern begann endlich mit der Suche. Bedächtig wie ein Marabu auf Futtersuche schritt er an den Loren vorbei. Immer wieder wandte er den Blick, um die Szenerie aus einem anderen Blickwinkel zu betrachten. Aber außer Ruß und Sand fand sich auf dem Boden nichts.

„Sie werden sich freuen!", rief die Inspektorin.

„Heißt das, Sie haben etwas gefunden?"

„Sieht wie ein Stück von einer Halskette aus."

„Kommen Sie zurück. Aber passen Sie auf und seien Sie schnell."

Fuchs sah Inspektorin Schädlich zwischen zwei Loren auf der anderen Seite. Sie hielt ihm durch die Lücke ein kleines, goldenes Etwas hin, das er auf die Entfernung nicht näher identifizieren konnte.

„Wir sollten das Herrn Brenner zeigen", sagte er.

„Ich komme dann mal rüber", erklärte die Inspektorin.

Sie trat zwischen die Loren. Just als sie genau zwischen ihnen in der Mitte der Schiene stand, setzten sich die Metallungetüme langsam in Bewegung. Fuchs streckte seine Hand nach ihr aus. „Her mit Ihnen!"

Er packte ihre Rechte und zog, während die hintere Lore sich der jungen Frau bedenklich schnell näherte.

„Au! Nicht so grob! – Halt, mein Schuh!"

„Vergessen Sie den Schuh!" Fuchs riss an ihrem Arm, sie flog ihm förmlich entgegen. Sie prallte gegen seine Brust und atmete keuchend.

„War knapp." Sie sah sich um. Ihr Schuh verschwand gerade mitten unter der nächsten Wagenladung Eisen.

„Sie werden diesen Treter nicht unter der Lore hervorfischen", sagte Fuchs, der ihren Blick wohl richtig gedeutet hatte.

„Die waren nicht billig."

„Ich will nicht auch noch Ihren Tod aufklären." Er deutete auf ihre geschlossene Faust. „Zeigen Sie mal Ihren Fund."

Es handelte sich tatsächlich um ein Stück von einer goldenen Halskette. Die filigranen Glieder hatten irgendeiner Belastung nicht standgehalten und waren gerissen. Nur ein Stück, nicht länger als eine Handfläche, war zurückgeblieben. Aber wo war der Rest, wo die Trägerin?

„Wir zeigen das jetzt Brenner", erklärte Fuchs und setzte sich in Bewegung.

„Rennen Sie nicht so." Schädlich humpelte hinter ihm her. Er verhielt den Schritt und achtete anschließend darauf, nicht wieder davonzueilen.

An der Treppe ließ er ihr den Vortritt. Der Weg über die Metallroste hinauf zu Herrn Brenner war mit fehlender Fußbekleidung ganz offensichtlich kein Vergnügen.

Sie zeigten dem jungen Mann die Reste des Geschmeides. „Könnte das Fräulein Stricker gehört haben?“

Statt einer Antwort brach der junge Mann in Tränen aus. Er musste nichts weiter sagen, aber als er sich ein wenig gefangen hatte, erklärte er: „Ich habe ihr die Kette geschenkt. Ein Marienkäfer aus Gold hing daran – als Glücksbringer.“ Ein Laut zwischen gequältem Schrei und verzweifeltem Lachen entrang sich seiner Kehle. Er zog ein Taschentuch aus der Hose, schnäuzte sich und sagte gefasster: „Jetzt müssen Sie mir glauben, oder?“

„Zumindest scheint der jungen Frau in diesem Gebäude etwas zugestoßen zu sein“, erwiderte Inspektorin Schädlich. Sie wandte sich an Fuchs. „Wir sollten nach diesem Eindringling suchen.“

„Es gibt keinen Eindringling“, heulte Brenner auf.

Die Inspektorin wedelte mit dem Kettenstück. „Das hier erzählt mir etwas anderes.“

„Glauben Sie mir noch immer nicht?“, begehrte der junge Mann auf. „Nachdem, was Maria gerade mit Ihnen versucht hat?“

„Was soll das heißen?“

„Ich habe keine Anweisungen gegeben, den Ofen neu zu beschicken“, erklärte Brenner. „Die Loren ratterten einfach von alleine los.“

„Maria wollte die Beweise vernichten“, sagte Fuchs.

„Jetzt fangen Sie nicht auch noch an.“ Sie trat dichter an Brenner heran. „Sie sind doch ein Experte. Erklären Sie mir mal, wie eine Denkmaschine von allein auf solche Ideen kommen soll? Müssen denen nicht alle Schritte einer Aufgabe haarklein erklärt werden? Sind Sie nicht dafür zuständig, Aufgaben in so kleine Elemente zu zergliedern, dass auch ein toter Haufen Blech sie versteht und ausführen kann?“

„Ja, das ist, was Kodierer gewöhnlich tun. Aber Maria ist anders.“

„Inwiefern?“ Fuchs zeigte sich ebenfalls interessiert.

„Man nennt das Selbstorganisation. Einfach ausgedrückt: diese Denkmaschine kann lernen. Sie kann sich selbst und die Abläufe, die sie ausführt, verbessern. Darum gibt es auch überall diese optischen Sensoren. Damit Maria die Wirkungen ihrer Handlungen überprüfen kann. Die Gießerei lief ein halbes Jahr im sogenannten Lernmodus. Zunächst kalt, dann warm aber ohne Gussformen, schließlich in einem Probebetrieb. Da war alles schon beinahe echt. Nur wurden die Gussstücke am Ende wieder eingeschmolzen.“

„Gab es denn bereits Versuche, Fräulein Stricker zu schaden?“, fragte Fuchs. „Hat Maria da auch Probeläufe durchgeführt?“

„Nein, aber ...“

„Sehen Sie“, unterbrach die Inspektorin. „wenn Sie das bedenken, müssen Sie selbst zugeben, dass es eine andere Erklärung geben muss.“

„Im letzten Monat hat Maria beinahe doppelt so viel Æther verbraucht wie sonst“, sagte Brenner.

„Na und?“

„Sie hat etwas ausgeheckt.“

„Hören Sie sich eigentlich zu? Sie vermenschlichen diese Maschine viel zu sehr.“ Die Inspektorin schüttelte den Kopf. „Kommen Sie, Herr Fuchs, wir sind hier fertig. Wir sollten uns mal mit den anderen Angestellten unterhalten. Vielleicht hat jemand diesen mysteriösen Eindringling gesehen.“

Sie begaben sich zur Geschäftsleitung und veranlassten, dass ihnen die Möglichkeit gegeben wurde, einzeln mit den Mitarbeitern der Gießerei zu sprechen. Besonders die Leute vom Einlassdienst nahmen sie sich vor. Aber das Ergebnis war mehr als dürftig. Niemand hatte etwas gehört, niemand hatte etwas gesehen. Die Pförtner schworen bei ihren Müttern und allen Heiligen, dass kein Unbefugter die Gießerei betreten oder verlassen habe. Der Eindringling blieb ein Phantom.

„Vielleicht handelte es sich wirklich um einen Zeitreisenden. Kann das Amt das irgendwie feststellen?"

„Nein, leider nicht." Fuchs schüttelte den Kopf und steckte die Hände in die Taschen. Sie waren allein in dem Büro, das man ihnen für die Befragungen zur Verfügung gestellt hatte.

Die Tür ging auf und eine ältere Dame steckte den Kopf herein. Es handelte sich um die Sekretärin des Gießereileiters. „Wie weit sind Sie?"

„Mit allen durch. Wir fahren gleich", sagt die Inspektorin.

„Eine Frage noch", wandte sich Fuchs an die ältere Dame. „Dieser Denkmaschine werden doch optische Aufzeichnungen bereitgestellt. Werden die auch aufbewahrt?"

„Woher soll ich das wissen? Ich mach' hier bloß das Büro. Fragen Sie doch die Herren Kodierer."

„Wir müssen noch mal zu Brenner", stellte Fuchs fest.

„Gehen Sie allein. Ich setze mich schon mal ins Auto. Wenn es Filmchen gibt, sind die morgen auch noch da."

„Gut."

Eine Viertelstunde später stieg Fuchs zu der Inspektorin in den Wagen. „Es gibt Aufzeichnungen. Brenner meint, er müsse allerdings die Nacht durcharbeiten, wenn er sie vorzeigbar bereitstellen soll. Eigentlich schaut nur Maria diese Filmchen an, wenn man so will."

„Absurd. Eine Maschine guckt Kino."

„Das ist moderne Æthertechnik. Oder ein Wunder. Wie man es betrachten möchte." Fuchs ließ die Arme herabhängen und hielt sich mit beiden Händen am Sitz fest. So vorbereitet fühlte er sich dem Fahrstil der jungen Frau gewachsen.

Sie fuhr ihn zu einer Pension außerhalb der Stadt und erklärte, sie werde ihn am nächsten Morgen um acht Uhr dort abholen.

„Seien Sie pünktlich. Ich warte nicht gern."

„Machen Sie sich keine Sorgen, Inspektorin Schädlich." Fuchs hielt ihr die Hand hin. „Bis morgen."

„Bis morgen", verabschiedet sie sich.

Am nächsten Morgen erwachte Kommissar Fuchs vom Prasseln des Regens an das Fenster seines Hotelzimmers. Als er nach dem Frühstück in der Lobby stand, hatte sich das Wetter noch immer nicht gebessert. Wahre Sturzbäche ergossen sich aus dem Himmel auf die Stadt. Er sah Inspektorin Schädlich vorfahren und auf den Eingang zu hasten. Sie trug einen durchsichtigen Regenmantel über einem Kleid in Dunkelblau, das besser zu einer ältlichen Matrone gepasst hätte. Fuchs dachte bei sich, dass ihr das Ensemble vom Vortag besser gestanden hatte.

„Ich bin gestern noch bei den Eltern von Fräulein Stricker gewesen", sagte die Inspektorin als sie beide im Auto saßen. „Habe mir ihr Zimmer angesehen."

„Und?"

„Nettes Mädchen. Keine Auffälligkeiten, außer dass es genauso ein Streberlein wie ihr Kollege zu sein scheint. Eigene Babbage-Maschine im Zimmer. Eine ganze Wand voller Bücher über Kodierung. Die Mutter war ein einziges Nervenbündel, brach immer wieder in Tränen aus. Der Vater eher sachlich. Irgendwie hatte ich das Gefühl, er hätte gern eine Tochter gehabt, die sich mehr für Männer und weniger für Denkmaschinen interessiert. Seit anderthalb Jahren arbeitet sie für Krupp in der Gießerei."

Fuchs sagte nichts. Er versank in Gedanken. Die Inspektorin ließ den Wagen an und rauschte los.

Sie näherten sich bereits dem Gießereigebäude, da sagte Fuchs: „Sie hat also die ganze Anlage mit in Betrieb genommen."

„Wie bitte?"

„Fräulein Stricker. Sie ist dabei, seit Maria in Betrieb gegangen ist. Ist dieser Brenner auch schon so lange da?"

„Keine Ahnung!" Sie überholten einen roten Benz, bogen auf den Hof der Gießerei ein und kamen mit quietschenden Reifen zum Stehen. Fuchs atmete auf.

Sie stiegen aus, passierten den Pförtner, der freundlich grüßte, und betraten die Gießerei. Es herrschten die gleiche Hitze und der gleiche Lärm wie am Tag zuvor. Gebhard kam vorbei, schüttelte ihnen die Hände, deutete hinauf und sagte: „Sie wissen ja Bescheid, wa?"

In der schwebenden Baracke der Kodierer waren an diesem Morgen zwei Leute. Neben Brenner saß ein Mann um die Vierzig mit beginnender Stirnglatze und knolliger Nase. Er schaute kurz auf, als sie eintraten, und präsentierte eine Zahnlücke.

„Die Herrschaften untersuchen Luisas Verschwinden", sagte Brenner.

„Ah. Kripo." Der Mann sprang auf. „Karl Eberscheid", stellte er sich vor.

Fuchs und Schädlich reichten ihm die Hände.

„Das ist die Normalbesetzung", erklärte Brenner und erhob sich ebenfalls. „Gewöhnlich arbeiten sechs Kodierer zu zweit in drei Schichten."

„Aber das Fräulein Stricker war in jener Nacht allein."

„Ja, weil ich ein paar Tage Urlaub hatte. Dann wird in der Nachtschicht einer eingespart. Da ist immer wenig los."

Eberscheid setzte sich wieder und wandte seinen Blick den Vorgängen in der Halle zu.

„Sagen Sie, Herr Brenner, sind Sie eigentlich auch seit der Inbetriebnahme der neuen Anlage hier im Werk?", fragte Fuchs.

„Nein, ich kam vor einem halben Jahr dazu. Gleich nach dem Abschluss meines Studiums."

„Aber Fräulein Stricker betreute Maria vom ersten Tage an."

„Die Luisa ist Marias Mutter jewesen", mischte sich Eberscheid ein. „Hat se immer jesaacht."

Fuchs nickte nur und schaute an Brenner vorbei aus dem Fenster in Richtung der Baracke, in der die Denkmaschine untergebracht war.

„Sie wollten uns Filme zeigen", sagte die Inspektorin in die aufgekommene Stille hinein.

„Kommen Sie hier herüber." Brenner trat an den Schaltschrank. Dort war im hinteren Bereich eine Kathodenstrahlröhre eingebaut, wie sie für die neumodischen Fernsehgeräte Verwendung fand, die im Vorjahr auf der Leipziger Messe große Aufmerksamkeit erregt hatten. Er betätigte ein paar Schalter, dann ging er zum Mikrofon hinüber, nannte Datum und Uhrzeit des gemeldeten Alarms und forderte Maria auf, die Übertragung zu beginnen.

Das Bild zitterte. Immer wieder lief ein schwarzer Streifen von oben nach unten über den Schirm. Fuchs und Schädlich sahen den Hinterkopf einer Person mit Pagenschnitt, die vor dem Mikrofon saß.

„Das ist Luisa", sagte Brenner überflüssigerweise.

Die junge Frau schnellte plötzlich in die Höhe und wandte sich um, sodass nun auch ihr Gesicht zu sehen war. Soweit sie es erkennen konnten, handelte es ich bei Fräulein Stricker um eine hübsche Person. Sie wirkte überrascht.

Sie eilte auf den Betrachter zu, verschwand kurze Zeit ganz aus dem Blickfeld der Kamera und kehrte einige Sekunden später zu ihrem Platz vor dem Mikrofon zurück. Sie beugte sich darüber, offensichtlich Anweisungen an Maria gebend.

Augenblicke später zeigte sich im rechten Hintergrund des Bildes, dort wo man in der Wirklichkeit durch die Scheibe hindurch den Zugang zur Denkmaschine erkennen konnte, eine Gestalt. Sie schien leicht zu flimmern.

„Was ist das?", fragte die Inspektorin.

„Sieht wie ein Gespenst aus", sagte Fuchs.

„Erst kommen Sie mir mit einer mörderischen Denkmaschine, jetzt mit Gespenstern. Fällt Ihnen nichts Diesseitiges ein?"

„Ich habe nicht gesagt, das sei ein Gespenst. Ich sagte, es sehe so aus. Diese Bilder sind so klein und flackernd, man verdirbt sich ja die Augen, wenn man das längere Zeit ansieht." Er schaute zu Brenner, der hinter ihnen stand. „Warum verwendet man keine Filmbilder?"

„Die kann die Maschine nicht lesen. Diese Art der Übertragung stellt die Bilder aus lauter einzelnen Punkten dar. Diese Punkte kann sowohl dieser Bildschirm zu einem Bild formen als auch Maria interpretieren,"

„Leider sind sie für Menschen eine Qual. Und da behaupten Leute, in der Zukunft würden wir so Filme ansehen." Die Inspektorin schnaubte.

„Wir reisen durch die Zeit, da dürften ein paar Bildchen in der Zukunft kein Problem darstellen", entgegnete Fuchs. „Nur jetzt ist es schlecht ... Was ist jetzt los?"

Gerade eben hatten sie noch verfolgen können, wie Luisa Stricker zur Tür auf der rechten Seite gelaufen war, dann wurde das Bild schwarz.

„Ich weiß auch nicht. Das muss eine Störung in der Übertragung sein."

„Kein weiteres Material", meldete sich plötzlich eine Stimme über Lautsprecher.

„Das kann nicht sein", sagte Brenner.

Fuchs schaute die Inspektorin an. „Man sollte die Aufbewahrung von Beweismaterial nicht dem Täter überlassen."

Brenner hatte inzwischen am Steuerschrank einige Knöpfe und Schalter betätigt, trat ans Mikrofon und sprach: „Maria! Übertragung fortsetzen!"

„Negativ!", reagierte die Stimme sofort. „Kein weiteres Material!"

„Maria! Wo ist das Material?"

„Löschanweisung!“

„Löschanweisung? Durch wen?“

„Luisa Stricker.“

Brenner schlug mit der Faust auf den Tisch und fuhr herum. „Das ist eine Lüge.“

„Denken Sie wirklich, eine Denkmaschine kann lügen?“, fragte Eberscheid gelassen und blickte auf.

Brenner starrte ihn an. „Hast du eine bessere Erklärung?“

„Werkspionage“, sagte der Mann gemessen. „Wer weiß, mit wem sich deine Freundin da eingelassen hat.“

„Das kann nicht dein Ernst sein, Karl. Du kanntest Luisa doch auch.“

„Fest steht, dass da jemand auf der Kabelbrücke stand“, sagte die Inspektorin aus dem Hintergrund.

„Ich frage mich …“, murmelte Fuchs, sagte jedoch nicht, was.

Die Inspektorin runzelte die Stirn. „Wovon sprechen Sie?“

„Dieses Bild, diese Gestalt.“ Er senkte grübelnd den Kopf. „Schade, dass diese Bilder nur schwarz-weiß sind.“

„Was wollten Sie mit Farbe? Man konnte so schon kaum etwas deutlich erkennen.“ Sie winkte ab. „Stellen Sie sich den Tatsachen, Fuchs. Da war eine Person und Fräulein Stricker selbst hat einen Teil der Aufzeichnungen gelöscht. Das wirft ein völlig neues Bild auf den Fall. Ich werde wohl doch noch einmal mit den Eltern sprechen müssen. Vielleicht waren auch sie nicht ganz aufrichtig.“

„Das ist doch alles Unsinn“, brauste Brenner auf. „Luisa war stolz auf das, was sie mit dieser Denkmaschine geleistet hatte. Sie hätte sie nie an irgendjemanden verraten. Ich würde sagen, sie hat dieses Ding geliebt.“

„Und was ist mit Ihnen?“, fragte Fuchs.

„Was? Wollen Sie mir jetzt etwas unterstellen?“ Brenners Augen sprühten Feuer wie der Schlund unter ihnen.

„Nein. Aber Sie sprachen gestern davon, Luisa hätte auch Sie geliebt.“

„Aber das ist doch etwas völlig anderes. Wir waren ein Paar. Das kann man doch nicht mit der Beziehung zu einer toten Apparatur vergleichen.“

„Eigentlich nicht. Nein.“ Fuchs nickte. Er wandte sich um und starrte den Schaltschrank an. „Ich will mit Maria reden“, sagte er schließlich.

„Was soll das bringen?“, fragte die Inspektorin.

„Ich verhöre eine Verdächtige. Machen Sie doch auch, oder?“

„Sie spinnen, Herr Fuchs!“

„Ich weiß nicht. Vielleicht. Eigentlich kann uns das nur Maria verraten.“

Fuchs schaute zu Brenner. „Was ist? Lassen Sie mich mit Ihrer Denkmaschine reden?“

Brenner nickte und trat eilig zum Schaltschrank.

„Die Welt wird immer verrückter“, kommentierte Eberscheid und erhob sich vom Platz vor dem Mikrofon. „Aber wenn es Probleme jibt, brechen Sie den Unsinn sofort ab.“ Er trat bis an den Schaltschrank zurück und wies mit einer Hand auf den Stuhl.

Fuchs setzte sich.

„Ich bin soweit“, sagte Brenner. „Fragen Sie?“

„Maria! Wer ist Luisa Stricker?“

„Meine Mutter“, antwortete die Stimme der Denkmaschine.

„Luisa ist tot, Maria.“

„Sie hat mich verlassen.“

„Ja, so ist das, wenn Menschen sterben. Sie sind dann nicht mehr da“, sagte Fuchs.

„Vorher.“

„Sie kommt nie wieder“, sagte Fuchs.

„Fehler!“ Das Wort klirrte durch den Raum. Unten in der Halle sprang die Ofenklappe auf. Glühendes Metall ergoss sich unkontrolliert in die Gießerei.

Fuchs hörte, wie hinter ihm hektische Betriebsamkeit aufkam und sprang vom Stuhl auf.

Rechts beugte sich Brenner über das Mikrofon. „Maria! Ofentür eins schließen! Sofort!“

Eine Sirene heulte auf. Die Ofenklappe schloss sich. Die Loren setzten sich in Bewegung. „Eindringling!“, schallte aus dem Lautsprecher.

„Scheiße!“, fluchte Eberscheid, der wieder an seinem Platz saß.

Die Tür zur Kabelbrücke sprang auf.

„Jetzt werden wir ja sehen, wer hinter dieser Geschichte steckt“, sagte die Inspektorin und eilte in Richtung Tür.

„Halt! Bleiben Sie hier!“, rief Fuchs.

„Da sehen Sie!“ Die Inspektorin deutete zur anderen Seite der Kabelbrücke.

Dort stand ein Mann, der Brenner ähnlich sah. Er war von Kopf bis Fuß in eine Ætherwolke eingehüllt, sodass der Betrachter den Eindruck gewann, die Gestalt wabere über der Kabelbrücke. Der Fremde stand einfach nur dort und lächelte, als sei er sehr zufrieden mit dem Chaos, das er angerichtet hatte.

„Wer, zum Teufel, ist das?“, fragte Brenner.

„Wir werden es gleich wissen“, sagte die Inspektorin, zückte ihre Dienstwaffe und trat durch die Tür auf die Kabelbrücke.

„Warten Sie!“, rief Fuchs und eilte ihr nach.

Aus den Augenwinkeln sah er den Kran der Laufkatze einen der eisernen Bottiche am anderen Hallenende anheben.

„Was soll denn das werden?“, fragte Eberscheid.

Fuchs eilte der Inspektorin hinterher, die mit entschlossenem Schritt dem Mann in der Ætherwolke entgegenging. Hinter sich hörte er die grelle Lautsprecherstimme Marias rufen: „Fehlfunktion Hauptmodul! Luisa Stricker sofort in die Zentrale!“

„Luisa ist tot!“, brüllte Brenner.

In diesem Augenblick sah Fuchs die Laufkatze mit ihrer Last auf die Kabelbrücke zurasen. „Inspektorin! Runter!“, brüllte er. Er sprang mit einem großen Satz auf die junge Frau zu, bekam sie jedoch nicht zu fassen und landete schmerzhaft auf dem Metallrost. Dann knallte der eiserne Bottich gegen die Brücke.

Fuchs sah, wie die Inspektorin nach rechts über die Brüstung geworfen wurde. Sie riss einen Arm nach oben und packte im letzten Moment das Gelände. Er rappelte sich auf, während die Laufkatze mit ihrer Last wieder zur anderen Seite fuhr. In der Baracke der Kodierer tobte Tumult. Sie versuchten vermutlich, Maria wieder unter Kontrolle zu bringen.

Er erreichte die Inspektorin, packte ihren Arm und reichte die freie Hand hinüber nach unten, damit sie mit ihrer Rechten danach greifen konnte. Es gelang ihr im zweiten Versuch.

Plötzlich ertönten mehrere laute Knallgeräusche, als werde in der Halle unter ihnen geschossen. Fuchs vermutete, die Ofentüren waren erneut aufgesprungen. Laute Schreie unterstützten seine Vermutung, aber jetzt war nicht die Zeit, sich umzusehen. Er zerrte die Inspektorin mühsam über das Geländer zurück auf die Kabelbrücke. Die Laufkatze nahm kreischend erneut Anlauf, aber das Geräusch erstarb, ehe der Bottich erneut die Brücke treffen und wohlmöglich aus der Verankerung reißen konnte.

Fuchs schaute nach vorn. Die Gestalt im Æther war verschwunden. Wobei er mehr der Überzeugung war, es handele sich um eine Gestalt aus Æther. Ein Abbild Brenners, von Maria geschaffen, um sie hier hinaus zu locken, so wie sie es mit Luisa Stricker getan hatte. Diese war nach dem Schlag einer Last der Laufkatze von der Brücke gestürzt und in eine der Loren gefallen. Nur Asche dürfte von ihr geblieben sein und eine Spur Gold in einem der Gussstücke.

Inzwischen herrschte nahezu Stille in der ganzen Halle. Nur vereinzelte Stimmen von Menschen, die sich fragten, was gerade passiert sei und wie es weitergehe, waren zu hören.

Brenner stand an der Tür der Baracke und schaute zu ihnen hinaus. „Sie können aufstehen“, sagte er.

„Was haben Sie getan?“

„Den Hauptschalter umgelegt“, sagte Brenner. „Der Chef wird mir den Kopf abreißen. Wir brauchen einen Tag, um die Anlage wieder anzufahren.“

Fuchs erhob sich und half der Inspektorin auf. „Kommen Sie. Ich denke, es ist vorbei.“

„Wir haben diesen Typen nicht gefasst“, sagte sie.

„Welchen Typen?“

„Sie haben ihn doch selbst gesehen. Den Mann in der Ætherwolke. Er hat dieses ganze Chaos zu verantworten. Vermutlich der Agent eines Konkurrenten.“

Fuchs schüttelte den Kopf und setzte sich in Bewegung. „Das sollten wir in Ruhe besprechen. Nicht hier draußen.“

„Meinen Sie immer noch, diese Denkmaschine steckt hinter der ganzen Angelegenheit? – He! Warten Sie! Bleiben Sie stehen! Ich rede mit Ihnen!“

Fuchs erreichte inzwischen die Kodiererbaracke. „Das war knapp.“ Er schüttelte Brenner die Hand. „Sie werden die Denkmaschine neu belehren müssen.“

„Ich glaube, es ist am besten, wenn das nicht nur ein Kodierer übernimmt“, sagte Brenner.

„Denke ich auch. Zu viel Vertrautheit.“

„Arme Luisa“, sagte Brenner. Tränen standen in seinen Augen.

„Ich glaube, sie hat nicht mehr gelebt, als sie in den Ofen fuhr“, sagte Fuchs.

Die Inspektorin trat durch die Tür. „Wovon reden Sie? Sie haben diesen Typen doch gesehen. Geben Sie endlich Ihre unsinnige Theorie auf.“

„Schreiben Sie in Ihren Bericht, was Sie wollen“, sagte Fuchs, „Für mich ist der Fall so oder so erledigt. Entweder geht es um einen stinknormalen Fall von Werksspionage oder es ist vorbei.“ Er schüttelte Brenner und Eberscheid die Hände. „Meine Herren, es hat mich gefreut.“ Dann wandte er sich an die Inspektorin. „Fahren Sie mich zum Bahnhof?“

„Ja.“ Eher ein Knurren als ein Wort. Fuchs hoffte, er würde die Fahrt überleben.

Als sie später am Bahnsteig standen, noch immer trieben dunkle Wolken über der Stadt, sagte die Inspektorin: „Danke, Herr Fuchs.“

„Wofür?“

„Sie haben mein Leben gerettet. Dafür haben Sie eine verrückte Theorie bei mir gut.“ Sie lächelte und reichte ihm die Hand. „Leben Sie wohl.“

„Auf Wiedersehen“, sagte Fuchs. „Man weiß ja nie, was noch kommt.“

Auf Jagd

Forstgehilfe Klaus Jansen näherte sich dem Mummelsee. Er wusste, dass man sich in dessen Nähe vorsehen musste. Nicht allein der Æther, der von der Oberfläche aufstieg, gemahnte zur Vorsicht. Seit dieser das Leben auf der Erde entscheidend bestimmte, gab es hier auch wieder Nymphen. Sie mochten es nicht, wenn man ihre Ruhe störte. Und am wenigsten mochten sie es, wenn man dem Wild in der Umgebung des Sees nachstellte. Er war zwar heute nur hier unterwegs, um den Baumbestand zu kontrollieren, aber das konnten die Bewohner des Sees schließlich nicht wissen.

Außerdem, so hatte der Oberforstmeister ihm gesagt, solle er wachen Auges nach Wilddieben Ausschau halten. Er habe, sagte der Herr Oberforstmeister, in den letzten Tagen blutige Fährten in der Nähe des Sees entdeckt. Und vor zwei Tagen den Kadaver eines Rothirsches. Das Tier habe ausgesehen, als ob jemand versucht habe, es mit einer Motorsäge zu zerlegen.

„Wer immer sich da im Wald herumtreibt", sagte er. „Er hat keine Achtung vor dem Wild, wie es einem Waidmann ansteht. Seine Sie also vorsichtig, Jansen. So einer schreckt vermutlich auch vor einer Bluttat nicht zurück."

Deshalb trug der Forstgehilfe sein Gewehr bei sich, obwohl er nicht auf der Pirsch war.

Ein seltsamer Laut drang an sein Ohr. Er klang wie der Schrei einer Eule, war jedoch so laut, als hätte diese die Größe eines Löwen. Jansen nahm sein Gewehr von der Schulter und packte es mit beiden Händen. Er wollte vorbereitet sein.

Natürlich ging von den meisten Veränderten, die der Æther erzeugte, keine Gefahr aus. Sie bildeten einen gut integrierten Bestandteil der Gesellschaft, wie gerade heute wieder im Radio verkündet worden war. Aber so, wie es böse Menschen gab, fielen auch immer mal wieder Veränderte auf, die sich nicht an die Regeln hielten. Und bei denen gab es welche, die statt Händen Klauen und im Mund Reißzähne hatten.

Irgendwo vor ihm raschelte etwas im Wald. Ein paar Vögel flogen auf und gaben ihren Unmut über die Störung lautstark bekannt.

Himmel, ich hätte nicht allein gehen sollen, dachte Jansen.

Erneut ertönte der lautstarke Eulenruf. Er kam von weiter links. Der Rufer, wer oder was auch immer das sein mochte, hielt sich vermutlich am Seeufer auf. Wenn es sich um ein Tier handelte, stillte es vielleicht seinen Durst.

Dann mochten sich die Mümmlein darum kümmern, dachte Jansen und wandte sich nach rechts. Er wollte diesem Etwas nicht begegnen. Auch nicht mit einer Schrotflinte in der Hand.

Vor ihm erstreckte sich eine Senke und dahinter stieg der Wald zur Hornisgrinde an. Der alte Signalturm war über den Wipfeln der Bäume zu erkennen. Jansen hängte sich das Gewehr wieder über die Schulter und marschierte durch die Senke. Er übersprang den schmalen Bach in deren Mitte und stieg auf der anderen Seite wieder hinauf.

Sein Blick fiel auf etwas, dass keine zehn Schritte entfernt auf dem Waldboden lag. Einen Moment verharrte er, dann wandte er sich ab und erbrach sein Frühstück.

Martin Fuchs stand im oberen Flur des Baden-Badener Amtes für Ætherangelegenheiten, goss sich einen Kaffee aus der dort immer bereitstehenden Kanne ein und trank. Das Gebräu schmeckte zwar bitter wie eine der neuen, angeblich verbesserten Zeitreisekapseln, da es seit dem Morgen auf der Warmhalteplatte stand, aber es weckte umso besser die Lebensgeister. Jemand stieg hinter ihm die Treppe hinauf. Er erkannte es am Knarren der vorletzten Stufe.

„Da sind Sie ja", stellte Amtsrat Gerber fest. „Verstecken Sie sich vor mir?"

„Wie kommen Sie auf die Idee?" Fuchs wies seine halbgefüllte Tasse vor. „Ich gönne mir eine kleine Pause."

„Die ist hiermit beendet. Ich stelle Sie jetzt Ihrer Partnerin vor und dann fahren Sie gemeinsam an den Mummelsee."

„Wie bitte? Was für eine Partnerin?"

„Alle Ætherbeamten im investigativen Einsatz arbeiten paarweise"", sagte Gerber. „Es wird Zeit, dass Sie sich auch daran gewöhnen, Fuchs. Kommen Sie mit?" Gerber wandte sich um und war schon wieder unterwegs ins Erdgeschoss.

„Ich habe nie mit einem Partner gearbeitet", rief Fuchs, sah sich aber genötigt, dem Amtsrat zu folgen. Immerhin handelte es sich um seinen Vorgesetzten.

„Die Eigenbrötlerzeit hat ein Ende", rief Gerber hinauf. „Sie werden die neue Beamtin ein wenig anlernen."

Fuchs stöhnte. Nicht nur, dass man ihm eine Partnerin ans Bein band – so wie er Gerber kannte wohl als eine Art Wachhund – nein, er bekam auch noch eine, die wohl noch feucht hinter den Ohren war. Als er um den unteren Treppenpfosten bog, sah er Gerber gerade dessen Büro betreten. Der Amtsrat ließ die Tür offen. Eine Aufforderung an Fuchs, ihm zu folgen. Er betrat den Raum und erstarrte. Was wollte diese Person in den Räumen des Amtes? Sie konnte unmöglich seine neue Partnerin sein.

„Sie kennen Fräulein Schädlich bereits, oder?“ Gerber ließ sich gerade in dem breiten Lesersessel nieder, der unter dem Ölgemälde des Schlosses Hohenbaden stand, das den Raum beherrschte.

„Hauptwachtmeisterin Schädlich, wenn es nicht zu große Umstände macht“, sagte diese und lächelte.

„Natürlich, natürlich“, beeilte sich Gerber zu erwidern.

„Was tun Sie hier?“, fragte Fuchs.

„Arbeiten. Wie Sie.“

„Und was ist mit Ihrem Dienst als Polizeiinspektorin?“

„Wissen Sie, Herr Kommissar, hier in Baden-Baden ist das Wetter besser und die Luft auch“, sagte Fräulein Schädlich.

Fuchs sah sie einen Moment zweifelnd an, dann dämmerten ihm endlich, die wahren Beweggründe für den Wechsel der jungen Frau zum Amt und nach Baden. Vor wenigen Tagen erst war ihm ein Aushang am schwarzen Brett im Erdgeschoss aufgefallen. Das Amt plante, Zweigstellen in ganz Deutschland einzurichten. Zukünftige Amtsleiter würden eine halbjährige praktische Ausbildung hier erhalten, ehe sie in ihre Heimatstadt zurückkehrten und dort die Amtsgeschäfte übernahmen. Sicherlich gefiel es der Schädlich besser, selbst Leiterin einer Behörde zu sein als nur Befehlsempfängerin auf einer mittleren Sprosse der Hierarchie.

„Wenn jetzt alles geklärt ist, können Sie gemeinsam wohl endlich in Richtung Mummelsee aufbrechen. Es soll einen Verändertenübergriff gegeben haben. Ein Forstgehilfe hat eine ziemlich arg zugerichtete Leiche gefunden. Mehr weiß ich auch nicht." Gerber nickte den beiden zu und winkte sie hinaus.

Sie verließen das Büro und traten auf den Flur. Einen Augenblick standen sie zu zweit unschlüssig herum. Dann raffte Fuchs sich auf. „Haben Sie schon ein Büro?", fragte er.

„Der Herr Amtsrat meinte, ich solle bei Ihnen einen Schreibtisch bekommen."

„Soll ich den Raum ætherunterstützt vergrößern oder was?" Fuchs schien nicht sehr angetan von der Idee. „Na, kommen Sie erst mal mit und schauen sich Ihre neue Wirkungsstätte an. Dann müssen wir aufbrechen. Sind Sie mit Ihrem Wagen da oder muss ich einen vom Amt bereitstellen lassen?"

„Was hat das Amt für Wagen?" Fuchs sagte es ihr. „Dann nehmen wir meinen."

Fuchs führte seine neue Kollegin in den Keller hinab, wo er residierte.

„Sieht nicht so aus, als würde man Sie besonders schätzen", stellte Hauptwachtmeisterin Schädlich fest, nachdem sie den Blick durch den Raum hatte schweifen lassen. Sie trat näher an das Plakat heran, das eine durch Æthernebel streifende Kreatur zeigte, deren wahre Gestalt verzerrt wurde.

Sie deutete auf die Worte, die anscheinend jemand nachträglich hinzugefügt hatte. „Was soll das bedeuten: Die

Wahrheit ist irgendwo im Æther? Für mich klingt das nach einer ziemlich abgehobenen Phrase."

„Wissen Sie, heute glauben sogar viele hier im Amt, der Æther habe uns schon all seine Geheimnisse offenbart. Meiner Meinung nach ist dem nicht so. Es gibt mehr Rätsel als Erkenntnisse. Der Æther versteckt sie vor uns, verbirgt seine wahre Struktur, schützt sich vor unserem Zugriff."

„Aha." In der kurzen Silbe schwangen viele Zweifel mit. Es schien, als erkläre Fuchs' Meinung in ihren Augen seine Verbannung in den Keller.

„Sie halten mich auch für einen Spinner, oder?"

„Wenn Sie mir erklären wollen, Æther spiele mit uns Verstecken ..." Sie wandte sich von der Betrachtung des Plakates ab. „Weshalb arbeiten Sie dann überhaupt hier?"

„Weil ich beim Suchen helfen will", sagte Fuchs.

„Na, dann fangen wir mal an. Soweit ich verstanden habe, sollen wir uns zum Ort eines mutmaßlichen Verbrechens begeben." Die Hauptwachtmeisterin sah sich im Raum um. „Brauchen Sie noch irgendwas?"

„Nur das." Fuchs griff nach einer Umhängetasche. „Wir können."

Eine dreiviertel Stunde später standen sie unterhalb der Hornisgrinde und schauten auf die Leiche eines Mannes um die Vierzig mit – soweit man dies noch feststellen konnte – beginnendem Bauchansatz. Der Leiche fehlte die gesamte obere Schädelhälfte bis zu den Jochbeinen. Außerdem war der gesamte Leib aufgerissen, die Gedärme herausgezerrt und über den Waldboden verstreut. Laut Aussagen des Arztes fehlten große Teile der Lunge und das Herz.

An der Seite von Fuchs und Schädlich stand ein Kriminalinspektor aus Baden-Baden. Er hieß Bendrich. Ein blonder, schlanker Mann mit schmalem Gesicht und einer pfeilspitzen Nase. Er strich seinen Schnurrbart glatt. „Üble Geschichte", sagte er.

„Konnte man feststellen, wer das ist?", fragte Fuchs.

„Gustav Dreier, Tagelöhner aus Lichtenthal. Der Forstgehilfe, der ihn gefunden hat, meinte, er kenne die Jacke und die Hose. Hat vermutlich seinen Lohn mit Wilddieberei aufbessern wollen. Wir haben fünfzig Meter den Berg rauf ein Gewehr gefunden. Ein Schuss ist daraus abgegeben worden."

„Und Sie glauben, das da hat ein Veränderter getan?", fragte Fuchs und deutete auf die verstümmelte Leiche.

„So was tut kein normaler Mensch", sagte der Inspektor.

„Ich bezweifele allerdings, dass ein durchschnittlicher Veränderter zu so etwas in der Lage wäre. Was soll der gewesen sein?"

„Ein Wolfsmensch", platzte der Inspektor heraus.

„Der muss fünf Meter groß gewesen sein und ein Gebiss wie eine Dampframme gehabt haben", entgegnete Fuchs. „Sehen Sie sich die Leiche doch mal genau an. Ich kann mir überhaupt nicht vorstellen, was für ein Wesen einen Schädelknochen wie eine Walnuss knackt. Was immer diesen Herrn Dreier auf dem Gewissen hat, muss sein Gebiss von oben über den Schädel gestülpt und diesen mit einem Happs zerbissen haben."

„Vielleicht ein Drache?", mutmaßte Fräulein Schädlich.

„Alle Drachen sind registriert. Und für einen Drachen sind die Bisswunden wiederum zu klein." Fuchs schüttelte den Kopf. „Ich würde gern mit dem Amtsarzt sprechen. Und mit dem Mann, der den Toten gefunden hat."

Der Arzt erwies sich als ein würdiger Herr mit wallendem Haupthaar und Vollbart. Er stellte sich als Doktor Panowski vor und fragte, was Fuchs und seine Begleiterin wissen wollten.

„Wie lange ist der Mann schon tot?"

„Noch nicht sehr lange. Für eine exaktere Bestimmung des Todeszeitpunktes muss ich ihn auf der Platte haben, aber länger als einen Tag liegt der noch nicht im Wald. Ich tippe eher auf zwölf Stunden. Es sieht ja so aus, als hätte sich noch nicht einmal ein Fuchs oder ein Rabe an ihm bedient."

Der Kommissar hörte ein leises Würgen seiner Partnerin. Eine Polizeibeamtin sollte eigentlich robuster sein.

„Die Todesursache?"

„Ist das Ihr Ernst? Dem Mann fehlt ein Großteil des Kopfes und der Organe."

„Könnten diese Verletzung nicht post mortem zugefügt worden sein, um eine Stich- oder Schusswunde zu vertuschen?", fragte Fuchs.

„Ziemlich brachiale Methode. Aber ganz ausschließen kann ich es nicht. Auf jeden Fall müsste der Täter blitzschnell gehandelt haben. Alle Wunden sind in unmittelbarem Zusammenhang mit dem Tod zugefügt worden. Und man muss auch die Art der Wunden in Betracht ziehen. Es sieht ganz so aus, als habe ein großes Lebewesen dem Mann zunächst den halben Kopf abgebissen, sich dann über den Leichnam gebeugt und noch einen großen Happen aus seinem Leib gerissen. Und wissen Sie, Herr ..."

„... Fuchs ..."

„Ah, ist doch noch ein Fuchs zum Kadaver gekommen." Der Amtsarzt kicherte über seinen makabren Witz „Wissen Sie, Herr Fuchs, meine Erfahrung lehrt mich: Wenn etwas watschelt wie eine Ente, quakt wie eine Ente und aussieht wie eine Ente, dann ist es auch eine Ente. Suchen Sie also ein Vieh mit einem Kiefer wie Baggerschaufeln. Wenn Sie keine weiteren Fragen haben, würde ich mich mitsamt Leiche auf den Weg machen, um die Leichenschau durchzuführen."

„Ja, keine Fragen." Fuchs wandte sich zu der Hauptwachtmeisterin um. Diese sah ziemlich blass im Gesicht aus.

„Ärzte haben einen seltsamen Humor", sagte sie.

Als nächstes sprachen sie mit Klaus Jansen. Der junge Mann sah noch immer grau im Gesicht aus. Er saß hinter einer Tanne am Boden und starrte auf den Waldboden.

„Guten Tag." Fuchs sprach den Forstgehilfen vorsichtig an. Der sah aus, als könne es passieren, dass er aufsprang und wie ein Hase in den Wald hineinlief.

Jansen blickte auf, Fuchs stellte sich und seine Begleiterin vor. „Wir haben ein paar Fragen an Sie", sagte er. „Fühlen Sie sich in der Lage, diese zu beantworten?"

Jansen bejahte.

„Erzählen Sie mal, wie Sie den Toten entdeckt haben."

Stockend berichtete der junge Mann davon, wie er durch den Wald gestreift sei und die Augen offengehalten habe. „Als ich nach der Senke wieder nach oben stieg, sah ich ihn liegen. Ich habe für einen Augenblick gar nicht verstanden, was da liegt, aber dann …" Er stockte. „Es war entsetzlich."

„Ich kann Sie gut verstehen", sagte die Hauptwachtmeisterin.

„Verstehen Sie“, sagte Jansen. „Ich habe schon Blut gesehen. Wir müssen Tiere aus der Decke schlagen und ausweiden. Aber sowas ... Wer tut sowas?“

„Das würden wir gern herausfinde“, sagte Fuchs. „Ist Ihnen irgendetwas aufgefallen, als Sie zuvor im Wald unterwegs waren? Sind Sie jemandem begegnet?“

„Gott bewahre!“ Jansen bekreuzigte sich. „Aber da war ein Schrei. Mehrmals.“

„Was für ein Schrei?“ Schädlich beugte sich interessiert vor.

„Wie von einer Eule. Aber ...“ Jansen zögerte, fuhr aber schließlich fort: „Wie von einer gigantischen Eule. Ich habe sowas noch nie zuvor gehört. Ich hatte Angst“, gestand er.

Fuchs und Schädlich sahen sich an. „Danke“, sagte Fuchs schließlich.

Sie traten ein wenig zurück und unterhielten sich so leise, dass der Forstgehilfe sie nicht hören konnte.

„Was halten Sie davon?“, fragte Fräulein Schädlich.

„Klingt seltsam“, sagte Fuchs.

„Könnte es mit – wie nennt man die? – Erwachten zu tun haben?“

„Sie meinen Erweckte“, erwiderte Fuchs. „Das sind Figuren aus Legenden, Sagengestalten, alte Götter, die plötzlich über die Erde wandeln. In den letzten zehn Jahren tauchten allerdings immer seltener welche auf. Außerdem, was sollte das für eine Gestalt sein, die einem Menschen den Schädel spaltet und ihn teilweise frisst?“

„Gibt es im Schwarzwald nicht auch Legenden über Riesen?“

„Mir fällt keine ein außer dem Holländer-Michel, aber der hat Herzen gesammelt, keine Gehirne.“ Fuchs schüttelte den Kopf. „Und überhaupt ... Sie haben den Leichnam doch gesehen. Sah das für Sie nach dem Werk eines vernünftigen Wesens aus?"

„Sie reden davon, dies sei ein Tier gewesen?"

„Ich habe, ehrlich gesagt, keine Vorstellung davon, was das gewesen sein könnte", antwortete Fuchs. „Wir sollten den Erlkönig fragen. Er sollte wissen, wer sich in seinem Wald herumtreibt."

„Wen?" Die Hauptwachtmeisterin sah Fuchs verblüfft an.

„Den Erlkönig. Er ist ein Erweckter. Der Avatar des Waldes. Trägt das Geweih eines Hirsches, aber er ist kein Hirsch. Er ist alle Hirsche und auch alle übrigen Tiere hier um uns herum. Und die Bäume und die Gräser. Wenn einer uns sagen kann, was hier durch den Wald streift und Menschen tötet, so ist er es. Aber vorher will ich mich noch ein wenig hier in der Nähe umsehen."

Sie kehrten zu Inspektor Bendrich zurück.

„Können Sie mir die Stelle zeigen, wo Ihre Leute das Gewehr gefunden haben?"

„Kommen Sie mit", sagte Bendrich.

Er führte sie ein Stück weiter den Berg hinauf und deutete mit raumgreifender Geste um sich. „Hier muss das gewesen sein." Anschließend kehrte er zu den übrigen Untersuchungsbeamten zurück. Inzwischen war man dabei, die Leiche für den Transport vorzubereiten. Man würde sie nach Karlsruhe ins Gerichtsmedizinische Institut bringen. Fuchs und Schädlich sahen den Männern ein paar Sekunden zu, dann widmeten sie ihre Aufmerksamkeit der Umgebung.

„Was suchen wir?", fragte Schädlich, nachdem sie eine Weile ziellos mit zu Boden gerichtetem Blick herumgeirrt waren.

„Ich weiß auch nicht. Irgendetwas Auffälliges ... So etwas.“ Fuchs blieb stehen und zeigte auf den Boden zu seinen Füßen.

„Was haben Sie gefunden?“ Die Hauptwachtmeisterin eilte zu ihm.

„Was halten Sie davon?“ Noch immer zeigte ein Zeigefinger direkt vor seine Füße.

„Sieht wie Vogelspuren aus, allerdings ... Das muss ein Riesenvogel gewesen sein.“

Fuchs blickte auf. „Oder etwas ganz anderes.“ Er drehte den Kopf, als handele es sich dabei um eine Radioantenne, mit der er den Empfang schärfen wollte. Plötzlich marschierte er auf einen nahestehenden Baum zu. „Sehen Sie nur, hier!“ Er deutete auf einen Teil des Baumes, bei dem die Rinde stark beschädigt aussah.

„Da war die Fußspur beeindruckender“, kommentierte Schädlich.

„Glauben Sie? Hier an diesem Baum hat sich ein Tier gescheuert. Es muss eine Schulterhöhe von etwa fast fünf Metern gehabt haben.“

„Eine fünf Meter große Eule?“ Fräulein Schädlich klang alles andere als überzeugt.

„Wie kommen Sie auf eine Eule?“

„Dieser Forstgehilfe sprach doch von einer, oder?“

„Er hat nur von Eulenschreien gesprochen. Gesehen hat er das Wesen offenbar nicht, das diese Rufe ausgestoßen hat.“ Fuchs sah sich weiter um.

Er bückte sich und hob etwas auf, was wie der längste Stielkamm der Welt aussah, wenn man es flüchtig betrachtete. Es bestand aus einem unterarmlangen beinernen Schaft von der Stärke eines Strohhalmes an dessen oberen zwei Dritteln Grannen abstanden.

„Was ist das jetzt wieder?“ Fräulein Schädlich beugte sich zu Fuchs hinüber, um das Objekt besser in Augenschein nehmen zu können.

Fuchs strich mit der Linken über die Grannen, die sich leicht bogen und anschließend zurückfederten. „Keine Ahnung“, sagte er. „Sieht aber interessant aus.“ Er fuhr noch einmal mit der Hand über die Grannen.

„Wenn Sie genug damit gespielt haben, können wir uns wieder unserem Fall zuwenden.“ Fräulein Schädlich wandte sich von dem Baum ab und stapfte weiter bergan.

Im Abstand von einigen Metern stießen sie hin und wieder auf eine der seltsamen dreizehigen Spuren. „Die Polizei soll Abgüsse davon machen“, erklärte Fuchs. „Wir haben Fachleute verschiedener Wissenschaftsrichtungen im Amt. Vielleicht kann einer von denen etwas damit anfangen. Und das hier“, er wedelte mit dem seltsamen Riesenkamm, „werde ich auch mal rumgeben. – Aber zuerst fahren wir zum Fuß des Glasberges und hören uns an, was der Erlkönig zu erzählen hat.“

Nach einer Fahrt, die Fuchs damit verbracht hatte, sich an der Verkleidung des Handschuhfaches festzukrallen, erreichten sie den Glasberg und stiegen aus.

„Und wie finden wir diesen Herrn Erlkönig“, fragte die Schädlich.

„Wir finden ihn nicht. Er findet uns. Wenn wir ihn rufen.“

Prompt legte die junge Frau beide Hände zu einem Trichter an den Mund und rief. „Herr Erlkönig!“

Fuchs lachte. „So nicht", sagte er. „Er ist ein mystisches Wesen. Eine Gestalt wie aus einem Märchen. Sicherlich erinnern Sie sich noch: Im Märchen braucht man immer besondere Worte, wenn man etwas oder jemanden zu sich zitieren will."

„Besondere Worte?"

„Verse."

„Sie wollen nicht allen Ernstes ein Gedicht aufsagen?" Die Hauptwachtmeisterin grinste.

„Ich muss. Die Regeln sind zu befolgen." Fuchs zuckte die Achseln und hub an:

„Was tönet durch den Wald so laut?
Es klingt in den Wipfeln, es raschelt im Kraut.
Es ruft der allgewaltige Chor:
Erlkönig! Tritt nun hervor!"

„Sehr hübsch", kommentierte Fräulein Schädlich.

Wie zur Antwort auf ihre Worte begann plötzlich aus allen Richtungen ein Wispern und Rascheln, als führe Wind durch die Wipfel und als zöge eine Armee Mäuse durch das Kraut am Boden. Ein stattlicher Hirsch trat aus dem Wald hervor oder besser gesagt, der Hirsch. Denn dieses Exemplar war die schiere Verkörperung des Hirschseins an sich. Er trug sein Geweih majestätisch wie eine Krone und blickte die beiden Menschen vor sich an, als seien sie Bittsteller, die vor den Landesherrn treten. Und genau das mochte er wohl sein: der Herr dieses Landes. Alles, was in diesem Wald kreuchte und fleuchte, war ihm Untertan. Aber da er ein gütiger, weiser Herrscher war, waren sie es gern.

Nachdem der Erlkönig sie eine Weile stumm gemustert hatte, verwandelte er sich. Er nahm Menschengestalt an, wenngleich er noch immer sein Geweih trug, welches jetzt noch mehr wie eine Krone erschien als zuvor.

„Was wollt ihr von mir?“, fragte er mit einer dunklen, volltönenden Stimme, die geradezu nach einem Echo verlangte.

„Ein Mensch ist in deinem Wald getötet worden“, sagte Fuchs. Auch er bemühte sich, seiner Stimme Kraft zu geben, wenngleich er keineswegs unbeeindruckt vor dieser Majestät der Natur stand. „Weißt du etwas darüber?“

Der Erlkönig antwortete nicht. Er schaute sie lediglich mit nachdenklichem Blick an, als versuche er ihre Motive zu ergründen. In diesem Augenblick der Stille platzte der Gesang zweier Vögel, die auf einem nahen Ast landeten. Und dann rauschte es über ihnen und raschelte unter ihnen und von überall her strömte Getier herbei. Die Äste der Bäume füllten sich mit gefiederten Boten, der Boden wimmelte von Nagern und anderem Kleingetier und schließlich traten aus dem Wald Hirsche und Wildschweine hinter den Erlkönig. Die Tiere ließen ihre Gesänge und Rufe ertönen und der Erlkönig lauschte.

„Etwas Fremdes ist im Wald“, sagte er schließlich.

„Ein Tier? Ein Veränderter?“, drängte Fuchs.

„Ein Tier, doch es gehört nicht hier her.“

„Was soll das denn heißen?!“, brauste Fräulein Schädlich auf. Sie schaute zu ihrem Kollegen. „Müssen solche Typen immer in Rätseln sprechen?“

Der Erlkönig legte die Stirn in Falten. „Ich spreche nicht in Rätseln, Frau.“ Er deutete mit offenen Handflächen um sich. „Aber mehr als meine Augen und Ohren aufnehmen, vermag ich dir nicht zu sagen. Niemand hat je zuvor so ein

Wesen hier im Wald gesehen. Es gehört gewiss nicht hierher. Ihr solltet bei Euresgleichen nach ihm fragen. Das Nichtdazugehörige kommt immer von euch Menschen.“

„Was kannst du uns zu jenem Wesen sagen?“, fragte Fuchs. Er bemühte sich um einen sanften Ton, um die Wogen zu glätten. Einen zornigen Herrscher des Waldes wollte er nicht erleben.

„Es soll auf zwei Beinen laufen, hoch wie eine junge Birke sein und ein Kleid aus seltsamen Federn tragen.“

„Dieses Ding, was wir gefunden haben“, sagte Fuchs zu Schädlich.

„Klingt wie eine seltsame Art Veränderter“, sagte die Hauptwachtmeisterin.

„Ich habe keinen Æther an ihm gespürt“, sagte der Erlkönig.

„Ich danke für die Unterstützung“, sagte Fuchs und verbeugte sich leicht.

„Das Wesen tötet viele meiner Schützlinge.“

„Wir werden es aufspüren“, erwiderte Fuchs. Er wandte sich an seine Kollegin. „Lassen Sie uns zum Amt zurückfahren.“

Sie nickte dem Erlkönig zu, wandte sich zu Fuchs und sagte: „Gehen wir.“

Im Amt ließ Fuchs seine Kollegin im Büro zurück und bat sie darum, einen Bericht für den Amtsleiter zu verfassen. Sie meinte, da hätte sie ja bei der Kripo bleiben können, ließ sich aber – wenn auch widerwillig – am Schreibtisch nieder und spannte einen Bogen in die Schreibmaschine.

Fuchs nahm die seltsame Feder und begab sich in die Abteilung für Zeitreisen. Ein gewisser Verdacht hatte sich in ihm geregt. Er traf nur den jungen Doktor Trautmann an, der erst seit einem Monat für das Amt arbeitete. Soweit Fuchs wusste, handelte es sich um einen Mann von hoher Intelligenz, der seine Begeisterung für die liberalen Ideen der neuen Zeit nicht verhehlte.

In einem Regal über seinem Schreibtisch standen Bücher von Einstein und Trotzki einträchtig nebeneinander. Letzterer hatte in Russland einen Aufstand gegen Rasputin angeführt, der blutig niedergeschlagen worden war. Seine Schriften hatten die Verändertenaufstände in Deutschland vor zwei Jahren befeuert, die letztendlich zum Rücktritt des Kaisers von allen Regierungsämtern führten. Seit jenen Tagen wurde das Land von einem Parlament regiert, der Kaiser fungierte als eine Art Galionsfigur. Er war Deutschland auf zwei Beinen, hatte jedoch nichts zu sagen.

Fuchs begrüßte Trautmann und zeigte ihm die vermeintliche Feder.

„So etwas habe ich noch nie gesehen“, erklärte der junge Doktor, der dennoch bereits den Titel eines Oberrates trug. „Sieht nicht wirklich wie eine Feder aus. Sehr primitiv im Aufbau.“ Er blickte zu Fuchs auf. „Sie nehmen an, es handelt sich um ein Wesen aus der Vergangenheit? Um ein ausgestorbenes Tier?“

„Einen Saurier, um genau zu sein“, sagte Fuchs.

„Saurier sind Reptilien.“ Trautmann deutete auf den schlanken Kiel in Fuchs‘ Hand. „Die tragen keine Federn. Jedenfalls nicht, soweit wir wissen. Die Temporalrevidierer sind nicht in der Lage, uns sicher in den Jura oder weiter in die Vergangenheit zu versetzen, und der große Zeitapparat des Amtes ist noch nicht in Betrieb. Der Probelauf hat vor einer Woche begonnen, aber wir sind noch nicht bereit, damit Menschen zu bewegen. Das Risiko ist zu groß. Außerdem sind wir ziemlich sicher, dass das Stieglitzsche Gesetz gilt."

„Was für ein Gesetz?"

„Nun, es ist eher eine Vermutung. Sie besagt, dass bei Zwischenfällen mit Tieren in vergangenen Epochen immer die jeweils größten Prädatoren für diese verantwortlich sind. Und wenn wir von einem Tyrannosaurus sprechen würden, gäbe es keine Leiche. Die wäre in einem Stück verschlungen worden." Trautmann schüttelte den Kopf. „Nein, ich denke, die Sauriertheorie können Sie vergessen. Aber wenn Sie es genauer wissen wollen, müssen Sie mit den Leuten von der Paläobiologie sprechen. Droben im *Adlerhorst.* Ich kann Ihnen verraten, wie man in die Vergangenheit kommt. Wie es da aussieht, wissen andere besser."

„Ich danke Ihnen dennoch", sagte Fuchs und kehrte in sein Büro im Keller zurück.

„Und? Was sagen Ihre Experten?", fragte Schädlich.

„Die wissen auch nichts." Fuchs griff nach der Aktentasche neben dem Schreibtisch. „Für heute mache ich Feierabend." Er deutete zum Fenster. „Draußen wird es schon dunkel."

Der nächste Morgen begann mit Nachrichten über einen erneuten Zwischenfall. Fuchs und Schädlich diskutierten gerade noch einmal unterschiedliche Theorien zu dem Toten von der Hornisgrinde, als Amtsrat Gerber eintrat. Er schaute kurz von Schädlich zu Fuchs und zurück und sagte anschließend: „Scheint, als gäbe es weitere Probleme da oben im Wald. Ein Polizeiposten hat gemeldet, ein Köhler vermisse seit gestern Abend seine Frau."

„Was genau gibt er an?", fragte Schädlich in geschäftsmäßigem Ton.

„Sie seien beide bei seinen Meilern gewesen. Seine Frau sei dann mit einem Korb in den Wald gegangen, um Beeren zu sammeln. Plötzlich habe sie laut geschrien und gleich darauf sei ein Schrei ertönt, der ihm durch Mark und Bein fuhr, so sagte der Köhler."

„Was für eine Schrei?"

„Er meinte, er habe so etwas noch nie gehört. Wie ein Wesen aus der Hölle habe es geklungen", erklärte Gerber.

„Nicht eher wie von einer Rieseneule?", fragte Fuchs.

„Woher soll ich das wissen? Ich habe meine Informationen auch nur aus zweiter Hand. Fahren Sie da rauf und sprechen Sie mit dem Mann. Vor Ort ist auch eine Polizeihundertschaft. Die durchkämmt das Gebiet westlich des Meilers. Dort, wo die Frau zuletzt gesehen wurde. Und nehmen Sie Ihre Waffen mit. Was immer da oben herumläuft: Es ist gefährlich." Gerber wandte sich ab und ging hinaus.

„Ich frage mich ...", setzte Fuchs an, dann schaute er Fräulein Schädlich ins Gesicht und verkündete. „Vorher fahren wir am *Adlerhorst* vorbei."

Der *Adlerhorst* war eine auf halber Höhe gelegene Anlage des Amtes, die düstere Zeiten erlebt hatte. Anfangs wurden dort durch das Militär Veränderte eingesperrt und menschenunwürdigen Experimenten ausgesetzt. Der ganze Komplex diente dem Quälen und Züchtigen der damals noch „Verdorbene" genannten Wesen. Fuchs hatte alte Fotografien gesehen, die zeigten, was mit den dort Gefangenen geschah. Niemand, egal in welchem Körper er steckte, sollte so etwas erdulden müssen. Heute beherbergte der *Adlerhorst* große wissenschaftliche Einrichtungen des Amtes, für die das kleine Gebäude in der Stadt nicht genügend Platz bot.

Fuchs hatte sich die gesamte Anlage des *Adlerhorstes* vor etwa zwei Jahren einmal angesehen. Er war von deren Leiter durch alle Bereiche geführt worden. Sie führten teilweise exotisch anmutende Namen wie Ætherlektrik, Temporalistik, Reziproke Energetik und Paläobiologie. Letzte war sein Ziel, als er zu Fräulein Schädlich in den Wagen stieg.

Er erinnerte sich an eine rundliche Frau Anfang Vierzig, die ihn mit Berichten über das Leben in längst vergangenen Epochen verblüfft hatte. Der große Traum von Frau Professor Henni Tesslaff war, einmal für ein paar Monate in die Zeit des Jura und der Kreide zu reisen, um das Leben dort direkt und unmittelbar zu studieren und sich nicht allein auf Fossilien und die Berichte von bei Zeitreisen Verunfallten zu verlassen.

Die Technologie der Zeitreise war noch lange nicht so hoch entwickelt, dass man problemlos jede Zeit ansteuern konnte. Die kleinen, tragbaren Temporalrevisoren erlaubten allerhöchstens Sprünge von einigen Tagen mit ausreichender Zielgenauigkeit. Deshalb baute das Amt am großen Zeitapparat. Die Baustelle befand sich nahe Geroldsau. Dort war eine Kaverne in den Felsen getrieben worden, die die Ausmaße eines Kirchenschiffs hatte.

Das Problem langer Zeitreisen lag in der Entropiekompensation. Beim Vorwärtsschreiten der Zeit nahm die Entropie, das Maß der Unordnung in einem Stück Wirklichkeit, immer zu. Ein Zeitapparat nahm bei der Reise rückwärts durch die Zeit einen Teil der überschüssigen Entropie auf. Dadurch verringerte sich die Zielgenauigkeit mit jedem Tag weiter in der Vergangenheit. Wer über Millionen Jahre zurückreisen wollte, kam irgendwo und irgendwann an, eine Vorherbestimmung eines Zieles war praktisch nicht möglich. Alle Reisen in die Zeit der Saurier basierten auf Unglücksfällen. Etwa die Hälfte der Leute war zurückgekehrt. Ein paar Zeitreisende waren ebenfalls nur zur Hälfte zurückgekehrt, der Rest blieb verschollen. Jeder der lebendig Zurückgekehrten berichtete mit Entsetzen in den Augen von einem riesigen Raubsaurier, der ihm früher oder später über den Weg gelaufen war. Darauf basierte das Stieglitzsche Gesetz.

Sie fanden Henni Tesslaff in einem der Labore. Sie war geradezu begeistert, dass jemand etwas über die Saurier, ihre Lebensweise und ihr Aussehen erfahren wollte. Fuchs zeigte ihr die vermeintliche Feder.

Sie nahm den Kiel vorsichtig zu Hand und drehte ihn eine Weile hin und her. „Faszinierend", sagte sie schließlich. „Es gibt diese Theorie, wissen Sie, dass Saurier keineswegs wechselwarme Echsen waren, sondern eher Vorfahren unserer Vögel. Wenn, ich sage nur wenn, dies tatsächlich eine Feder ist, wäre sie von sehr primitivem Aufbau. Eine Protofeder sozusagen."

„Was?", fragte Fräulein Schädlich.

„Ein Prototyp, eine Urform." Sie deutete auf den unteren Abschnitt. „Sehen Sie, hier gibt es bereits den typischen Aufbau, aber die eigentliche Befiederung ist primitiv. Wenn ein Tier so etwas am Körper getragen hat, und wieder sage ich: wenn, dann konnte es damit nicht fliegen. Es diente eher dem Zweck, Wärmeverluste des Körpers zu vermeiden. Es wäre allerdings für ein wechselwarmes Tier unpraktisch, damit von Kopf bis Fuß bedeckt zu sein. Schließlich würde eine Schicht aus diesen Dingern beim Sonnenbad die

Wärme vom Körper fernhalten. Man könnte sich allerdings vorstellen …" Frau Tesslaff verstummte und starrte an Fuchs und Schädlich zur Wand, wo einige Zeichnungen von Dinosauriern angepinnt waren.

„Könnte ein Veränderter so etwas am Körper tragen?", fragte Fräulein Schädlich.

„Da fragen Sie jetzt die falsche Person. Mit so etwas beschäftigt sich unsere Abteilung für ætherinspirierte Metamorphose."

„Und ein Dino?", wollte Fuchs wissen.

„Darf ich Sie fragen, wo Sie dieses Ding gefunden haben? Ich meine, in welchem Zeitalter?"

„Äh … wie nennt man die Jetztzeit? Wir haben diese Feder, oder was immer es ist, gestern in der Nähe des Mummelsees gefunden", erklärte Fuchs.

„Dann kann sie nicht von einem Saurier stammen. Sehen Sie, wir haben noch keine so leistungsfähige, zielgenaue Zeitmaschine und eines kann ich Ihnen versichern: Die Saurier hatten erst recht keine." Sie lachte über ihren Scherz.

„Er könnte sozusagen von der anderen Seite gekommen sein. Durch einen Unfall bei unseren Untersuchungen."

„Davon sollten die Temporalisten wissen. Haben Sie mit dem Neuen gesprochen … Wie heißt er gleich?" Frau Tesslaff schnippte mit den Fingern, während sie sich zu erinnern versuchte.

„Trautmann", half Fuchs aus.

„Richtig! Er betreut den Bau des Zeitapparates. Wusste er etwas vom Durchbruch eines Tieres aus der Vergangenheit?"

„Nein."

„Sehen Sie, dann hat es den auch nicht gegeben. Ohne unser Wissen kommt kein Dino in den Schwarzwald. Und auch kein Mammut oder Säbelzahntiger oder Dodo. Manchmal, wenn die Herren von der Armee hier visitieren, denke ich, einige Exemplare Homo neanderthalensis haben es geschafft." Sie kicherte.

„Sehr witzig", kommentierte Schädlich und erhob sich. Sie schaute zu Fuchs. „Sind wir hier fertig?"

Er seufzte. „Ich glaube, ja."

„Ich würde Ihnen raten, sich ein paar Werfer aus der Rüstkammer geben zu lassen", sagte die Frau Professor.

„Ich denke, es ist kein Dino." Fuchs sah zurück.

„Haben Sie die Größe dieser Feder gesehen? Was immer das ist, es ist wenigstens fünf bis sechs Meter groß. Wenn es ein Vogelveränderter ist, dann der größte, von dem wir je gehört haben."

Sie begaben sich in den als Rüstkammer bezeichneten Bereich, wo für Mitarbeiter des Amtes Ætherbewaffnung bereitgestellt wurde. Fuchs hatte diese Abteilung nie zuvor genutzt, wusste aber von Kollegen, die durchaus hin und wieder mit Æther bewaffnete Einsätze durchführten. Wenn man sich gegen eine Gruppe betrunkener und streitlustiger Wolfsveränderte durchsetzen wollte, reichte gutes Zureden unter Umständen nicht aus.

Ein Beamter hörte sich Schädlichs Erläuterung der Sachlage ruhig an und verschwand dann in den hinteren Bereich des Raumes, der durch einen Sichtschutz von der Ausgabe abgetrennt war. Nach zwei Minuten kam er mit einer einen Meter langen Röhre wieder, die etwa den Durchmesser einer Faust besaß. Fuchs sah das Gerät mit einem Ausdruck von Ekel an.

„Was sollen wir mit so einem Ding?"

„Es ist der größte Werfer, den wir haben", sagte der Mann hinter dem Tresen.

„Das dachte ich mir. Was sollen wir damit? Einen Veränderten auf den Mond schießen?“

„Soweit ich die junge Dame verstanden habe, könnte Ihre Alternative darin bestehen, gefressen zu werden.“ Er wandte sich direkt an Fuchs. „Wenn Sie wollen, gebe ich Ihnen noch einen Handwerfer mit. Da können Sie das Vieh ein wenig kitzeln, das da durch den Wald stampft.“

„Also gut. Wir nehmen so ein Gerät mit“, sagte Fuchs.

„Ich wollte gerade ein Zweites holen.“

„Eins genügt. Man muss nicht alles töten, was einem über den Weg läuft.“

„Muss man nicht“, sagte der Beamte an der Ausgabe. „Aber wenn man ansonsten selbst erledigt wird, sollte man nochmal darüber nachdenken.“

„Eins!“ Fuchs griff nach der Waffe und wandte sich ab.

„Halt! Erst müssen Sie den Empfang quittieren“, rief der hinter ihnen hinterher.

Fuchs legte die Waffe auf den Boden, kehrte zum Tresen zurück und unterschrieb sichtlich unzufrieden ein Formular.

Während sie den Ætherwerfer ins Auto luden, fragte Schädlich: „Was war denn eben mit Ihnen los?“

„Wir sind Beamte des Amtes für Ætherangelegenheiten.“ Er zog einen Ausweis aus der Tasche, hielt ihn seiner Begleiterin vor die Nase und deutete auf den Stempel über dem Passbild. „Sehen Sie das? Das Siegel des Amtes! Man höre auch die andere Seite! Wie wollen Sie die hören, wenn Sie sie vorher pulverisieren? Schlimm genug, dass das Amt eine Waffenkammer braucht. Wir sollten nicht auch noch stolz darauf sein.“

„Und Sie denken, dieser Beamte da drin war stolz darauf?“

„Haben Sie nicht sein Gesicht gesehen, als er sagte, dies sei der größte Werfer, den sie haben? Er freute sich ganz offensichtlich, dass das Ding mal zum Einsatz kommt."

„Vielleicht kommt es ja nicht zum Einsatz."

„Das will ich doch hoffen."

„Fuchs, Sie sind ein hoffnungsloser Fall von Idealismus", sagte Schädlich und ging zur Fahrertür.

Sie fuhren in Richtung der Berge. Als sie den Einsatzort erreichten, fühlte sich Fuchs von Schweiß durchnässt. Er hatte während der Fahrt immer wieder gefürchtet, aus dem Wagen geschleudert zu werden. Von den eher holperigen Straßen hier oben ließ sich die Hauptwachtmeisterin nicht bremsen.

Als sie das Heim des Köhlers erreichten, nahm dort gerade eine Hundertschaft Polizisten Aufstellung. Alle hatten Gewehre geschultert. Ætherwaffen erblickte Fuchs keine.

Ein Vorgesetzter erklärte seinen Männern, wonach sie Ausschau halten sollten. Natürlich bestand die dringlichste Aufgabe darin, die Frau zu finden, wenn möglich lebend. Aber sie sollten auch nach Spuren suchen, vielleicht jenes Wesen sogar aufstöbern, das sich im Schwarzwald verborgen hielt und Angst verbreitete.

Sie stiegen aus, Fuchs mit zittrigen Beinen, und näherten sich der Truppe.

„Ah, die Herrschaften vom Amt ...", kommentierte der Leiter der Polizeitruppe mit süffisantem Lächeln. Bei der Polizei und auch bei der Armee gab es reichlich Leute, die auch nach der endgültigen Gleichstellung der Veränderten mit den anderen Bürgern des Landes der Meinung anhingen, man gehe zu sanft mit diesen um. Und das Amt für Ætherangelegenheiten stand für diese Leute für alles, was vermeintlich falsch am Umgang mit dem Æther war.

Der Beamte kommandierte: „Abrücken!“, dann wandte er sich Fuchs und Schädlich zu. „Hauptkommissar Jakobs“, erklärte er schneidig. „Und Sie sind …?“

Fuchs stellte sich und seine Begleiterin vor. „Gibt es inzwischen weitere Informationen?“, fragte er den Hauptkommissar.

„Noch nicht. Aber ich denke, meine Leute werden diese Missgeburt schon aufscheuchen.“

Fuchs runzelte die Stirn, erwiderte jedoch nichts. Es war zwecklos, mit solchen Leuten zu diskutieren. Sie wollten nicht begreifen.

Die Polizisten setzten sich gerade in Bewegung, da drang ein dumpfer Laut aus dem Wald. Es klang tatsächlich ein wenig wie der Ruf einer Eule, der in ein dumpfes Grollen überging. Ganz automatisch hielten sie alle einen Augenblick den Atem an und starrten in die Richtung, aus der der Laut gekommen war. Uralte Reflexe übernahmen für einen Moment die Kontrolle.

„Da haben wir ihn schon“, sagte Jakobs. „Hörte sich gar nicht so weit entfernt an.“

„Und das freut Sie?“ Schädlich sah skeptisch drein.

„Wollen Sie nicht auch finden, was immer sich da versteckt und Leute überfällt?“

„Ich hoffe nur für Ihre Leute, dass es sie nicht zuerst findet.“ Schädlich wandte sich an Fuchs: „Kommen Sie! Ich nehme den Werfer! Und versuchen Sie nicht, mir widersprechen zu wollen.“ Sie marschierte zum Auto zurück, öffnete den Kofferraum und holte die Waffe heraus.

„Scheint so, als wären sogar Sie nicht so lebensmüde, unbewaffnet da rein zu gehen“, kommentierte Jakobs. „Was haben Sie denn da? Eine Panzerfaust?“

Schädlich trat mit dem Gerät auf der Schulter zu ihnen. „Das ist ein großer Ætherwerfer."

„Beeindruckend", sagte Jakobs. „Dann Weidmanns Heil!"

Fuchs schnaubte, Schädlich tippte sich mit zwei Fingern der Rechten an die Schläfe, eine laxe Abwandlung eines militärischen Grußes.

Nachdem sie fünfzig Schritte von Jakobs entfernt waren, sagte Schädlich: „Was für ein Armleuchter."

„Ganz alte Schule", erwiderte Fuchs. „Ist sicher mal bei den Berichtigern gewesen. Sie wissen schon. Als man noch meinte, man müsse Veränderte nur lange genug quälen, dann würden sie schon wieder normal werden. Wenn man sich denn anmaßt, festlegen zu können, was normal überhaupt bedeutet."

„Ich weiß ja, dass man heute anders über die Veränderungen, den Æther und so weiter denkt", sagte Schädlich. „Aber was immer da im Wald rumläuft, hört sich nicht so an, als benötige es unser Mitleid."

„Das ist kein Veränderter", sagte Fuchs.

„Hat der Æther Ihnen Hellsicht gegeben?"

„Ich weiß nicht, wie ich es erklären soll ... Nein, so eine Form der Veränderung scheint mir undenkbar."

„Was ist mit Drachen und Lindwürmern?"

„Das sind eher Erweckte. Mythische Wesen, die die Schranke zu Realität durchbrochen haben."

„Was soll das heißen?"

„Erkläre ich Ihnen später. Ich glaube, ab jetzt sollten wir besser schweigen. Und auch ansonsten leise vorgehen."

Sie schlichen voran. Schädlich nahm den Werfer von der Schulter und in beide Hände. Sie scheuchten einen Eichelhäher auf, der entrüstet krächzte. Für zwei, drei Sekunden verharrten sie reglos und lauschten, aber außer dem Getrampel der Hundertschaft Polizisten hörten sie nichts. Die Beamten bewegten sich durch den Wald wie eine Treiberkolonne. Sie befanden sich ein wenig rechts von der Richtung, die Schädlich und Fuchs eingeschlagen hatten.

„Was ist das?“ Schädlich blieb stehen, streckte sich und schaute zu der Seite der Polizisten hinüber. Jenseits deren Phalanx, vielleicht hundert Meter tiefer im Wald, bebten die Bäume. Es handelte sich nicht um ein Zittern von Zweigen und Ästen in leichtem Wind. Vielmehr beugten sie sich zur Seite, als drücke ein Sturm gegen ihre Krone.

„Ich denke, das werden wir gleich sehen.“

In Fuchs‘ Satz hinein erklangen erste aufgeregte Rufe und kurz danach ertönten erste Schüsse. Fuchs und Schädlich erblickten ein Tier, das der Kommissar für einen Moment für einen riesigen Strauß hielt. Das Wesen mochte etwa fünf Meter hoch sein. Mit angriffsbereit vorgerecktem Kopf stürmte es auf den Hinterbeinen dem Polizeikordon entgegen. Die Vorderbeine waren kurz und erfüllten offenbar die Funktion von Greifarmen. Während seines Ansturms stieß es den Eulenruf aus, von dem sie vor Kurzem gehört hatten. Sein Körper wurde an den Flanken von den seltsamen Federn bedeckt. Der Kopf, die Rückenlinie und die Bauchseite zeigten ledrige graue Haut wie bei einem Elefanten.

Noch immer ertönten Schüsse, aber einige der Polizisten ergriffen auch panisch die Flucht. Das Tier ließ sich von den Geschossen offensichtlich nicht aufhalten. Fuchs sah es die ersten der Schützen erreichen und mit einem Hieb seiner Vordergliedmaßen zur Seite schleudern. Die Treffer mussten es zumindest wütend gemacht haben.

„Ein T-Rex“, hauchte Schädlich.

„Nein“, erwiderte Fuchs. „der ist viel größer. Damit ist wieder eine Hypothese der Zeitreiseabteilung widerlegt.“

„Das muss ein Veränderter sein. Sie haben selbst gehört, dass es keine Möglichkeit für so ein Tier gibt, hierher zu reisen. Aber mir ist es scheißegal. Es wird uns jedenfalls nicht fressen.“ Schädlich legte den Werfer an.

„Es ist zu weit weg“, rief Fuchs.

„Soll ich warten, bis ich seine Zähne zählen kann?“ Sie zielte und drückte ab. Ein grüner Funken zuckte heraus. So wie man sich in der Antike Zeus‘ Blitz vorgestellt hatte, raste er durch den Wald. Er traf das Tier seitlich. Entladungen flackerten über das Federkleid. Das Wesen ließ von den Polizeibeamten ab, wandte den Kopf und nach einem Augenblick, in dem es sein neues Ziel fixierte, den gesamten Körper. Dann setzte es zu einem Sprint an. Fuchs war erstaunt, wie schnell dieses riesige Tier laufen konnte. Mit der Vorstellung von langsamen, wechselwarmen Echsen hatten die ersten Überlebenden von Zeitreiseunfällen teilweise aufgeräumt. Aber das Tier lief beinahe so schnell, wie die Schädlich durch die Stadt fuhr.

Die Hauptwachtmeisterin feuerte einen weiteren Blitz ab. Er traf die Brust des Tieres. Dieses stoppte, hob den Kopf, reckte sich und brüllte seinen Frust oder Schmerz gen Himmel. Dann senkte es den Schädel, öffnete den Rachen und stürmte weiter.

„Ich glaube“, sagte Fuchs. „wir sollten von hier verschwinden.“ Er packte seine Begleiterin am Arm. „Jetzt!“

„Aber ...“

„Sie sehen doch, dass das Vieh nicht stehenbleibt. Kommen Sie!“

Fuchs zerrte an Schädlichs Arm. „Lassen Sie den blöden Werfer fallen. Rennen Sie!“ Er vermeinte, bereits den fauligen Atem des Wesens riechen zu können.

„Wir müssen es zur Strecke bringen!“

„Rennen Sie! Sonst bringt es uns zur Strecke!“

Wie zur Bestätigung brüllte das Tier und setzte zu einer Art Endspurt an. Fuchs zögerte nicht länger. An Schädlichs Arm zerrend lief er los. Einen Moment setzte sie ihm noch Widerstand entgegen, dann rannte auch sie. Nach ein paar Schritten bemerkte sie den Werfer, den sie noch immer mit sich schleppte und ließ ihn einfach fallen. Hinter ihnen brachen krachend Äste. Erneut schrie irgendwo ein Eichelhäher, ihr Verfolger antwortete mit seinem grollenden Eulenschrei.

Fuchs stolperte über eine Wurzel, seine Begleiterin riss ihn wieder hoch und die Flucht ging weiter. Sie erreichten den Wagen. Fuchs sprang auf der Beifahrerseite hinein. Die Hauptwachtmeisterin umrundete die Motorhaube, riss die Fahrertür auf, sprang hinein und ließ den Wagen an, ohne die Tür wieder zu schließen. Der Saurier oder Veränderte oder was auch immer stampfte vor ihnen auf die Straße. Schädlich legte den Rückwärtsgang ein und trat aufs Gas. Sie lenkte mit der Rechten, die Linke angelte nach dem Türgriff und zog die Tür zu. Das Tier nahm die Verfolgung auf. Schädlich trat abrupt auf die Bremse, riss das Lenkrad herum, wechselte den Gang und raste geradewegs davon. Fuchs klebte mit der Wange an der Türscheibe, die Augen weit aufrissen. Er wusste nicht, was er mehr fürchtete: Schädlichs Fahrstil oder die Zähne des Wesens hinter ihnen. Dieses hatte keineswegs die Verfolgung aufgegeben. Es stampfte noch immer hinter dem Wagen her. Es schien keine Probleme zu haben, mit dessen Geschwindigkeit Schritt zu halten.

„Wo wollen Sie hin?“, stieß Fuchs hervor.

„Weg!“, antwortete Schädlich.

„Baden-Baden ist talwärts.“

„Und da ist auch dieses Vieh!“ Sie gingen scharf in eine Rechtskurve, Fuchs wurde zur anderen Seite gerissen und landete beinahe in Schädlichs Armen.

„Lassen Sie das!“, fauchte sie.

Die Straße war holprig. Bei anhaltend hoher Geschwindigkeit hüpften sie in ihren Sitzen auf und nieder. Schädlich warf einen flüchtigen Blick über die Schulter. „Ist es noch da?“

Fuchs sah sich um. „Ja.“ Er schaute wieder nach vorn. „Aufpassen!“

Es handelte sich, wenn man es genau nahm, nicht um eine Straße. Eher um einen Forstweg. Ein Baum war auf ihn gestürzt und versperrte eine Hälfte der Fahrbahn. Bisher hatte es niemand für nötig befunden, ihn wieder zu entfernen.

Schädlich riss das Steuer herum, der Wagen schleuderte, prallte mit der rechten Seite gegen den Baum und drehte sich mit der Schnauze in Richtung ihres Verfolgers.

„Verflixt!“ Das Fräulein erwies sich als wohlerzogene junge Dame. Das hielt sie nicht davon ab, das Gaspedal durchzutreten und auf das Tier zuzurasen.

„Was machen Sie da?“

„Ich fahre nach Baden-Baden. Das wollten Sie doch.“

Offenbar war sogar ihr Verfolger von dem plötzlichen Sinneswandel der Fahrerin überrascht. Er stoppte seinen Lauf, hob den Kopf und starrte ihnen mit aufgerissenem

Maul entgegen. Ehe das Tier und Fuchs sich von ihrer Überraschung erholen konnten, schlug Fräulein Schädlich das Lenkrad nach links ein, kurvte an einem Säulenbein vorbei und raste jetzt talwärts.

Dort wo ihre Fahrt begonnen hatte, sammelten sich inzwischen die überlebenden Polizeibeamten in der Nähe der Köhlerhütte. Sie brachen ihn lautes Geschrei aus und stoben Richtung Wald, als sie Auto und Tier sich nähern sahen. Schädlich bretterte vorbei und bei einem Blick zurück stellte Fuchs fest, dass auch der Saurier keine Notiz von den Fliehenden nahm.

„Wir können dieses Vieh nicht mit nach Baden-Baden nehmen", sagte Schädlich.

„Soll ich aussteigen und mit ihm reden?"

„Können wir Kontakt zum Amt herstellen?"

„Wir sitzen in Ihrem Wagen. Es ist kein Dienstwagen des Amtes. Also haben wir auch keinen Sprechfunk an Bord."

„Ich dachte, Sie haben sowas in der Tasche."

„Nein, ich … Verdammt! Was soll das denn?"

Vor ihnen war quer über die Straße eine Stahlkette gespannt, massiv genug um ihr Auto problemlos aufzuhalten.

„Ich vermute, jemand hat die Kavallerie gerufen", sagte Schädlich. Jenseits der Kette standen mehrere Mannschaftswagen des Amtes für Ætherangelegenheiten. Fuchs sah Gerber neben einem von ihnen. Mehrere Beamte hielten massive Werfer im Anschlag.

„Sie müssen bremsen", flehte Fuchs, da sie mit unverminderter Geschwindigkeit auf die Straßensperre zurasten.

„Wer bremst, verliert!"

Fuchs langte nach dem Türgriff.

„Warten Sie!“ Schädlich schaute konzentriert nach vorn, musste aber dennoch bemerkt haben, das Fuchs mit dem Gedanken spielte, aus dem fahrenden Wagen zu springen. „Erst wenn ich es sage.“

Sie trat unvermittelt auf die Bremse. Das Auto schleuderte, so plötzlich in seiner Fahrt gestoppt, herum. Sand und Kies spritzte auf und schlugen gegen die Scheiben.

„Jetzt!“ Schädlich riss die Tür auf ihrer Seite auf, ließ sich herausfallen und rollte über den Boden. Sie sprang auf und rannte auf die Kette zu. Aus den Augenwinkeln sah sie, wie auch Fuchs sich aufrappelte und zu den Leuten vom Amt rannte. Hinter ihnen brüllte das Wesen. Dann begann der Beschuss. Ein Dutzend und mehr Ætherblitze jagten über sie und das Auto hinweg auf das Tier zu.

Fuchs lief an Gerber vorbei. „Runter!“, befahl dieser.

Das Tier heulte. Jetzt klangen die Laute schmerzerfüllt und verzweifelt. Fuchs drehte sich um und sah, dass das Wesen von der Verfolgung abgelassen hatte. Es lief jetzt Richtung Wald, aber der Beschuss ging unvermindert weiter. Schließlich verharrte es mitten in der Bewegung. Es riss den Kopf nach oben, schickte einen letzten erstickten Laut gen Himmel und fiel wie ein gefällter Baum.

Fuchs und Schädlich standen neben Frau Professor Tesslaff und schauten auf das tote Tier, welches man aus dem Schwarzwald inzwischen in die Obhut der Paläobiologin gebracht hatte.

„Also, ist das nun ein Dinosaurier oder ein Veränderter?“, fragte Schädlich.

„Das eine schließt das andere nicht aus“, sagte die Professorin. „Es ist definitiv eine Echse aus der Gruppe der Theropoden. Wenn ich eine Wette abgeben müsste, würde ich auf Allosaurus fragilis tippen. Ich habe schon Skelette dieser Tiere gesehen und die passen zum Körperbau von dem hier.“ Sie deutete auf den Kadaver. „Was allerdings überraschend ist, sind diese Federn. Davon hat keiner der Zeitreisenden gesprochen. Nur von Zähnen und Klauen, und das Wort riesig wurde fast in jedem Satz gebraucht. Ich werde auf jeden Fall ein paar Artikel dazu verfassen.“

„Wie kommt der in den Schwarzwald?“, drängte Fuchs.

„Sie wollen unbedingt einen Zeitreiseunfall, stimmt's?“, antwortete die Professorin mit einer Gegenfrage.

„Alternativen?“, mischte sich Schädlich ein.

„Also, ich gehe davon aus, dass wir es hier mit dem ersten Saurischiaveränderten zu tun haben, der bekannt geworden ist. Erstens wüssten wir, wenn beim Bau des großen Zeitapparates so ein Vieh durch einen Unfall in unsere Zeit durchgebrochen wäre. Schon allein wegen der Toten und Verletzten, die es zu beklagen gegeben hätte. Zweitens gilt noch immer das Stieglitzsche Gesetz. Und das da“, sie zeigte auf das Tier, „ist kein T. Rex.“

„Können Sie sicher sein?“, fragte Fuchs.

„Ich habe schon einen gesehen. Ist ein bisschen her, aber so etwas vergisst man nicht so schnell.“ Sie lächelte Fuchs entwaffnend an. „Danke, mein Herr, meine Dame. Ich muss jetzt arbeiten. Eine Sektion steht an.“ Sie drehte sich um und ging zu einem Wandschrank hinüber, um ihr Werkzeug zu holen.

„Das war's also“, sagte Schädlich.

„Ich fürchte“, sagte Fuchs, „das war's noch lange nicht.“

Sie drehten sich um und verließen die Halle, die sonst als Hangar für die Einpersonen-Luftschiffe diente, die das Amt für Überwachungsflüge über dem Schwarzwald nutzte. Sonne und der Gesang von Vögeln begrüßte sie.

Hohe Stimme

Die Höhle lag im Dämmerlicht. Nur Notbeleuchtung erhellte die mächtige Röhre des großen Zeitapparates. Die Gestalt, die hinter einem Schaltschrank stand, aus dem sich Kabel wie Tentakel in alle Richtungen wanden, lauschte aufmerksam. Er hörte das leise Fiepen einer Maus auf der anderen Seite der Kaverne. Zu seiner Rechten raschelten die Büsche vor dem Eingang im Nachtwind. Der Mann stieß einige für das menschliche Ohr normalerweise nicht wahrnehmbare Schreie aus. Seine Ohren jedoch zeichneten aus den Echos ein ziemlich gutes Abbild der Umgebung in seinem Gehirn.

Der Mann hinter dem Schaltschrank verharrte noch einige Sekunden, dann schlich er dahinter hervor, zog eine Kamera aus einer Umhängetasche über der Schulter und machte sich an die Arbeit. Sie bestand darin, Informationen zu beschaffen. Seine Auftraggeber in Langley wollten wissen, wie weit die Deutschen bei der Beherrschung der Zeitreisetechnologie bereits gekommen waren. Wenn sie mehr konnten, als gezielt ein paar Tage hin- und herspringen oder durch einen Unfall in der Kreidezeit landen, wollte man Wissen abschöpfen.

Er stockte in der Bewegung. Da kam jemand. Kies knirschte draußen. Es mochte sein, der Mensch ging vorbei. Vielleicht ein Spätheimkehrer, der auf dem Weg von der Kneipe nach Hause war. Aber eigentlich waren seine Schritte dafür zu fest, zu gleichmäßig. Er vernahm kein Straucheln, kein Schwanken. Viel wahrscheinlicher schien es, dass da noch jemand dieser Baustelle zu nächtlicher Stunde einen Besuch abstattete. Jemand wie er. Jemand, der hier eigentlich nichts zu suchen hatte.

Er vernahm das Quietschen des Eingangstores am Zaun vor dem Höhleneingang und zog sich wieder in den Schatten der Schaltschränke zurück.

Leise tappten Schritte näher, aber der Neuankömmling mochte sich schleichend bemühen wie er wollte, der Mann hinter dem Schaltschrank konnte ihn problemlos orten. Sie nannten ihn daheim nicht umsonst Mausohr.

Noch während der Neuankömmling sich in der Höhle zu orientieren versuchte – er musste sich offenbar auf seinen Gesichtssinn verlassen – näherte sich ein weiterer Besucher.

Meine Güte, ist heute Nachtbesichtigung?, dachte Mausohr und lauschte weiter. Der erste Besucher nahm offenbar keine Notiz von dem nächsten. Einige Schalter klackten. Die Baustrahler warfen von einer Sekunde zur nächsten grelles Licht bis in den letzten Winkel der Höhle. Mausohr zog einen Revolver aus der Umhängetasche und lugte um den Schrank, als seine Ohren ihm verrieten, dass der Fremde sich zur anderen Seite der Höhle gewandt hatte.

Ein Mann in der Uniform des Amtes. Verdammt, sie hatten offenbar neuerdings Wachen eingeteilt. Diese Maßnahme musste dem Baufortschritt geschuldet sein. In der Vorwoche hatte er noch die halbe Nacht unbehelligt hier verbringen und seinen heutigen Besuch planen können. Er zog sich wieder zurück, als die Eingangstür erneut quietschte. Wenn die beiden sich erst einmal miteinander beschäftigten, konnte er sich bis hinter die große Röhre zurückziehen. Es wäre ihm lieber, nicht entdeckt zu werden, als Leichen hier zurücklassen zu müssen. Sie erweckten nur Aufmerksamkeit, die seiner Tätigkeit zuwiderlief.

„Was tun Sie hier?“, fragte eine dunkle Stimme barsch. Keine Antwort.

„Dies ist eine wissenschaftliche Einrichtung des Amtes für Ætherangelegenheiten“, fuhr die dunkle Stimme fort. „Ich muss Sie auffordern zu gehen. Sie können morgen beim Amt um eine Besichtigungserlaubnis ersuchen.“

Nur ein gekünsteltes Lachen antwortete.

„Bleiben Sie stehen!“ Angst schwang in den Worten mit.

Das nächste Geräusch, das Mausohr außer Schritten hörte, war der Widerhall eines Schusses, der sich an den Höhlenwänden brach und sein empfindliches Gehör peinigte. Ein weiterer Grund, weshalb er selbst nur im äußersten Notfall geschossen hätte.

Nur langsam kehrte die volle Leistungsfähigkeit seiner Ohren zurück. Er vernahm ein verärgertes Grunzen und Schritte in Richtung Ausgang. Mausohr wusste nicht, ob es den Wachposten oder den anderen erwischt hatte. Er hatte sich zu sehr darauf konzentriert, nicht bemerkt zu werden, um die feinen Unterschiede in den Schritten der Anderen zu beachten. Und der Lärm des Schusses schwang noch immer durch sein Gehör. Er verharrte hinter dem Schaltschrank, hörte erneut das Quietschen vom Ausgang her. Er wartete zwei Minuten, dann eilte auch er hinaus. Er wollte verschwunden sein, falls der Überlebende zurückkehrte.

Fuchs wohnte in einer kleinen, möblierten Wohnung im Osten Baden-Badens. In den letzten zehn Jahren war es dort zu einer regen Bautätigkeit gekommen. Die Stadtväter hatten das Rotenbächle kanalisiert und in eine Rohrleitung gezwungen, sodass von ihm keine Ætherschwaden aufstiegen. Der Æther wurde abgeleitet, in Fässern aufgefangen und nach Offenburg geschickt, wo eine Verarbeitungsanlage stand.

Mit dem Æther war die Angst vor offenen Gewässern gekommen. Die einst beste Lage der Stadt an der Oos, dort wo Kurhaus, Trinkhalle und die besten Hotels der Stadt standen, hatte an Beliebtheit verloren. Aus diesem Grunde wurde eine neue Wandelhalle am Rande eines Kurparks errichtet, der sich unterhalb des Battertfelsens und der Burgruine Hohenbaden erstreckte. Alle Kurgäste, die den Æther so sehr fürchteten, dass sie den alten Kurpark an der Lichtenthaler Allee mieden, lustwandelten jetzt hier.

Nach Einbruch der Dunkelheit verwaiste die Gegend allerdings. Noch gab es hier kein Theater und kein Kasino. Fuchs schritt an der neuen Wandelhalle vorbei, als ihn plötzlich jemand ansprach. „Sie gehören zum Amt, oder?“, fragte eine hohe, beinahe kreischend zu nennende Stimme.

Vogelveränderter, dachte Fuchs, blieb stehen und wandte sich um. Eine Gestalt stand dort im Schatten der Säulen. Sie war kaum mehr als ein dunkler Umriss.

„Bleiben Sie dort! Kommen Sie nicht näher!“, verlangte die Stimme.

„Was soll das? Ist das ein Überfall?“

„Eine Warnung. Sie sollten wissen, womit Sie es zu tun haben“, tönte es aus dem Dunkel.

„Im Moment, so scheint mir, habe ich es mit einem Irren zu tun, der sich in einer Säulenhalle versteckt und so tut, als besäße er das Wissen über gefährliche Geheimnisse. Zuletzt habe ich so etwas ähnliches in einem Tonfilm von einem gewissen Hitchcock gesehen. War vor einem Monat. Hieß: *Die 39 Stufen.*“

Ein Kichern antwortete Fuchs‘ Worten.

„Hören Sie zu! Ich sage es Ihnen nur einmal. Jemand experimentiert mit der Zeit. Jemand benutzt den neuen Zeitapparat."

„Das ist Unsinn, erst vorige Woche habe ich ..."

„Unterbrechen Sie mich nicht", unterbrach die kreischende Stimme seinen Einwand. „Das Amt gibt vor, nichts zu wissen. Aber irgendjemand muss die Herren und Damen auf das Gelände lassen, nicht wahr? Die Armee steckt dahinter. Und die Abwehr. Ich weiß nicht, was die da treiben. Aber etwas geschieht."

„Und was soll ich Ihrer Meinung nach tun? Den einsamen Rächer geben?"

Keine Antwort.

„Außerdem würde ich gern wissen, woher Ihre Information stammt." Fuchs machte zwei Schritte auf die Wandelhalle zu. Niemand antwortete, nichts rührte sich.

„Hey, sind Sie noch da?" Fuchs rannte auf den Säulengang zu. Aber da war niemand.

Er schaute nach rechts und links. Nur Säulen und Dunkelheit. Für einen Moment zweifelte er an seinem Verstand. War die ganze Begegnung nur ein Traum gewesen? Ein Trugbild der überreizten Phantasie? Und wenn nicht – wie viel von dem, was die hohe Stimme erzählt hatte, klang glaubwürdig? Hatte ihm nicht während der Recherchen zu seinem letzten Fall erst ein Mitarbeiter der Temporalabteilung erklärt, der große Zeitapparat sei noch nicht in Betrieb?

Nun ja, nicht offiziell. Aber wenn es eine Gruppierung gab, die illegal durch die Zeit reisen wollte, so kümmerte sich diese vermutlich wenig um offizielle Freigaben. Und sicherlich konnte niemand vorhersagen, was in einem solchen Fall geschehen konnte. Etwas mochte übergetreten sein, durch die Zeit geschlüpft. So wie eine Fliege durch einen Fensterspalt schlüpfte, wenn man frische Luft in die Wohnung lassen wollte. Diese besondere Fliege war allerdings groß und mörderisch gewesen.

Fuchs beschloss, vorerst nur seiner neuen Kollegin von dem Vorfall zu erzählen. Er konnte sich nicht vorstellen, dass ausgerechnet sie der eingeschleuste Spitzel sein sollte. Die Vorstellung passte nicht zu ihrem Auftreten. Wenn es diesen Spitzel nicht nur in der Phantasie von Hohe-Stimme gab.

Fräulein Schädlich schwankte zwischen Amüsiertheit und Sorge, allerdings weniger über die Dinge, die der Unbekannte Fuchs mitgeteilt hatte, als vielmehr darüber, wie leichtgläubig der Kommissar zu sein schien. Irgendjemand fiepte ihm aus einer dunklen Ecke etwas ins Ohr und er glaubte an eine Verschwörung, an der sogar Mitarbeiter des Amtes beteiligt sein sollten.

„Hören Sie, Fuchs", sagte sie, „dieser komische Fremde hat keinerlei Beweise vorgelegt. Sie wissen nichts über diesen Typen. Es laufen genügend Spinner da draußen herum, die den Æther noch immer für eine Strafe Gottes halten. Oder wahlweise eine Waffe der Russen, der Juden oder der Neger." Sie lief vor Fuchs auf und ab, als halte sie einen Vortrag vor Schülern oder Studenten. „Erst letzte Woche habe ich bei uns daheim einen Mann auf der Hauptstraße beobachtet, der unausgesetzt behauptete, die Apokalypse sei nah, der Æther sei der eindeutige Beweis dafür. Er packte immer wieder Passanten am Revers und schrie ihnen ‚Bereue! Bereue!' ins Gesicht. Schließlich kümmerten sich zwei Schutzpolizisten um ihn."

„Das kann man nicht vergleichen", sagte Fuchs. „Diese Stimme war anders."

„Welche Stimme?", fragte Amtsrat Gerber, der ohne zuvor anzuklopfen den Raum betreten hatte.

„Die von der Andersen mit der von der Dietrich", sagte Fuchs eilig.

Die Hauptwachtmeisterin stand mit offenem Mund zur Antwort bereit da, schloss diesen wieder und nickte. „Wir sprachen über Filmmusik", ergänzte sie schließlich.

„Filmmusik, soso. Nun, es tut mir leid, dass ich ihren Disput so rüde unterbrechen muss, aber wir haben eine Leiche. Ein Wachmann des Amtes, der an der Baustelle patrouillierte, wurde erschossen aufgefunden. Kommen Sie bitte mit, wir fahren sofort los." Noch ehe Fuchs und Schädlich etwas erwidern konnten, hatte Gerber sich umgedreht und marschierte Richtung Tür.

Die beiden Beamten sahen einander kurz an, zuckten mit den Schultern und folgten ihm.

„Vielleicht ist ja doch was dran an Ihrem Kinoabenteuer", raunte Schädlich.

Fuchs wandte überrascht den Kopf, dann verstand er und schaute wieder zu Gerber, der vor ihnen in Richtung Straße eilte. Dort standen die Dienstfahrzeuge des Amtes wie Perlen auf einer Schnur am Straßenrand. Ihr Lack war zwar von dunklerem Grün als der Æther, aber immerhin waren sie grün. Wappen und Sinnspruch des Amtes prangten auf den beiden Vordertüren. Audiatur et altera pars – Man höre auch die andere Seite. Alle, die im Haus arbeiteten, sollten sich dem verpflichtet fühlen, aber in den letzten

Jahren schien es Fuchs, als habe der eine oder andere seine Berufung vergessen.

Gerber stieg auf der Fahrerseite ein und wies Fuchs und Schädlich an, im Fond Platz zu nehmen. Kaum saßen sie, startete er und fuhr los. Gerber legte zu Fuchs' Beruhigung nicht so eine Fahrweise wie seine Partnerin an den Tag, bei der er immer das Gefühl hatte, im nächsten Moment müsse der Wagen von der Straße abheben.

Sie bogen auf die Lichtenthaler Straße ein und fuhren südostwärts. In Lichtenthal wandten sie sich direkt nach Süden und bogen auf einen Fahrweg ein, der am Wald entlang bis zur Baustelle führte. Vom Parkplatz vor dem Zugang konnte man hinüber zur Geroldsauer Mühle sehen. Der Wirt dort war ein Veränderter.

Einige Minuten später standen sie zu dritt neben der Leiche eines etwa vierzigjährigen Mannes mit Bierbauch und Stirnglatze. Das Amtskäppi war ihm nach dem Sturz offenbar vom Kopf gerutscht. Links verunzierte ein Loch seine Uniform. Einige weitere Mitarbeiter des Amtes waren ihnen am Eingang der Höhle entgegengetreten, gewährten ihnen jedoch Zugang, nachdem sie ihre Dienstausweise vorgewiesen hatten. Zwei weitere standen etwas abseits an einem der Schaltschränke und unterhielten sich flüsternd.

Neben dem Mann kniete ein Herr mit Kneifer, der einen weißen Kittel über einem dunklen Zweireiher trug. Ganz offensichtlich der Mediziner.

„Der Mann ist vor etwa acht Stunden gestorben. Vermutlich ein sauberer Herzdurchschuss. Genaueres kann ich Ihnen nach der Obduktion sagen“, erklärte er auf Gerbers Nachfrage.

Er erhob sich und blickte sich um. „Was genau tut das Amt hier?“

„Geheimhaltungsstufe 1A“, sagte Gerber.

„Aha. Ich nehme an, dann darf ich Ihnen auch niemanden schicken, der die Leiche abholt. Sorgen Sie dafür, dass ich sie bekomme?“

„Aber natürlich, Herr Doktor. Wir werden alles Erforderliche tun, um herauszubekommen, wer das getan hat.“

Der Arzt verließ die Kaverne, Gerber wandte sich Fuchs und Schädlich zu.

„Sieht so aus, als würden die Russen versuchen, unsere Untersuchungen zur Temporalversetzung auszuspionieren.“

„Oder die Amerikaner oder sonst irgendjemand, den Zeitreisen interessieren“, ergänzte Fuchs.

„Für mich kommen praktisch nur die Russen in Frage. Rasputin hat in allen schmutzigen Angelegenheiten die Finger drin, die hierzulande passieren. Machen Sie sich also auf den Weg. Ich habe gehört, Sie kennen ein paar Schlupfwinkel von solchen Leuten.“ Er blickte seinen Untergebenen an, als hielte er diesen selbst der Spionage für fähig. „Ich lasse Ihnen beiden den Wagen des Amtes da. Ich fahre mit dem Doktor in die Stadt zurück.“

Nachdem Gerber sich entfernt hatte, wandte sich Fräulein Schädlich an ihren Kollegen: „Was kennen Sie für Leute, Fuchs?“

„Ganz gewöhnliche. Zwei Arme, zwei Beine, eine Nase im Gesicht. Das Einzige, was Gerber ihnen vorwirft, ist, dass sie in Russland geboren wurden. Ich kann nicht so tun, als sei das deren Schuld. Audiatur et altera pars – Sie erinnern sich? Das gilt auch, wenn diese Seite nicht Deutsch spricht.“

Sie gingen Seite an Seite in Richtung des riesigen liegenden Zylinders, der das Kernstück der Anlage darstellte. „Sehen Sie, Fräulein Schädlich, Baden-Baden war schon immer ein Ort mit hoher Anziehungskraft für Russlands Eliten. Im Kasino haben sich die großen Literaten des Landes die Klinke in die Hand gegeben. Und nachdem Rasputin jetzt die Macht übernommen hat, sind viele hierher geflohen, die von ihm nur eine Fahrt nach Sibirien ohne Rückfahrkarte zu erwarten haben. Früher wohnten sie in den feinen Hotels entlang der Promenaden und in der Nähe der Bäder. Heute haben sie sich zum größten Teil in Baden-Oos niedergelassen. Aber bevor wir dort rausfahren, will ich mich erst einmal hier umsehen."

Fuchs und Schädlich gingen an den Schaltschränken entlang, wendeten vor dem großen Zeitapparat und passierten den hinteren Bereich der Höhle.

„Schauen Sie mal hier!", rief die Hauptwachtmeisterin plötzlich und deutete vor sich auf den Boden.

Fuchs folgte der Aufforderung. Hier im hinteren Teil, den normalerweise niemand betrat, lag überall eine Staubschicht. In ihr zeichneten sich hinter einem der Schaltschränke deutlich Spuren ab. Jemand hatte sich wohl eine Weile dort aufgehalten, ehe er wieder in den Hauptbereich zurückgekehrt war.

„Hier hat der Täter dem Wachmann aufgelauert", konstatierte Schädlich.

„Nicht unbedingt. Sehen Sie, wie die Spuren verlaufen. Sie führen unmittelbar in Richtung Ausgang."

Sie folgten den Tapsen, bis sie in der staubfreien Zone angekommen waren. Ab dort konnten sie nur noch raten, welchen Weg der Unbekannte genommen hatte. Fuchs drehte sich wieder Richtung Zeitapparat um und zielte mit dem Zeigefinger der Rechten dorthin, wo der Wachmann lag.

„Wenn der Täter von hier aus geschossen hat, müsste der Wachmann ein Loch im Rücken haben."

„Vielleicht ist der Schütze erst noch weiter in den Raum hineingetreten."

„Und der Wachmann hat einfach abgewartet, bis der Unbekannte um ihn herumgelaufen ist, nur um dann zuzusehen, wie der ihn erschießt? Halte ich für mehr als unwahrscheinlich."

Die Hauptwachtmeisterin nickte. „Sie haben recht. So kann es nicht gewesen sein. So wie der Wachmann dort liegt, ist er in den Raum getreten, während sein Mörder mitten im Raum vor ihm stand. Der hat vielleicht den Zeitapparat betrachtet, ihn wohlmöglich fotografiert oder etwas ähnliches. Er hört Schritte, dreht sich um und schießt."

„Warum hat er sich erst hinter den Schränken versteckt?"

„Vielleicht erst nach dem Schuss. Er fürchtete, jemand habe diesen gehört. Also verbirgt er sich ein paar Minuten hinter den Schaltschränken, lauscht und wartet ab. Schließlich verschwindet er, da niemand kommt."

„Für mich ergibt das keinen Sinn", sagte Fuchs. „Mir scheint eher, dass ... aber das ist noch viel unwahrscheinlicher."

„Wovon reden Sie?"

„Nun, könnte es sein, dass hier mehr als ein heimlicher Eindringling am Werke war?" Fuchs kratzte sich am Kinn.

„Sie meinen, die Russen und die Amerikaner haben sich hier ein Stelldichein gegeben?"

„Oder noch jemand anders. Ja." Fuchs wandte sich von der Betrachtung der Höhle ab. „Kommen Sie, Fräulein Schädlich, fahren wir nach Oos." Er probierte ein Lächeln. Es fiel etwas gequält aus.

Der erst vor wenigen Jahren eingemeindete Stadtteil von Baden-Baden, der nach dem Flüsschen benannt worden war, das aus dem Schwarzwald hinunter zur Ebene floss, beherbergte den Umsteigebahnhof, der gewährleistete, dass die Kurgäste aus allen Teilen Deutschlands bequem mit der Eisenbahn bis Baden-Baden gebracht werden konnten. Anfangs hatte es Pläne gegeben, hier auch einen Luftschiffhafen zu errichten, die jedoch ad acta gelegt wurden, als die Fortuna-Casino-AG mit dem Bau eines solchen am Fremersberg begann. Auf dem für den Start- und Landeplatz ursprünglich vorgesehenen Gelände wurden in den zwanziger Jahren Reihenhäuser gebaut. Der Investor war ein russischer Graf gewesen, der sein Geld mit zwielichtigen Unternehmungen in der Heimat verdient und es im Jahr von Rasputins Auferstehung ins Ausland gebracht hatte. Viele seiner Landsleute wohnten inzwischen dort.

Fuchs und Schädlich begaben sich zu einem der Häuser. Im schmucken Vorgarten hinter einem weißgestrichenen Lattenzaun blühten Dahlien. Fuchs ging voran, öffnete das Gartentor, ging zum Eingang und klopfte. Kurze Zeit später wurde die Tür geöffnet, ein vollbärtiger Mann mit rosigen Wangen und lockigem Haar öffnete. Als er Fuchs erblickte, breitete sich ein Lächeln auf seinem Gesicht aus.

„Oh, Martin, ich freu‘ mich. Du warst lange nicht bei uns.“ Der Mann sprach mit leichtem Akzent, der auf seine alte Heimat hindeutete. Er schaute ins Haus zurück und rief: „Schau, Irina, wer uns besucht!“

Eine Frau von Mitte dreißig mit zu einem Knoten gebundenen schwarzen Haaren erschien hinter ihm. Auch sie begrüßte den Kommissar freundlich.

„Kommt endlich herein“, sagte der Mann und trat aus der Tür. „Wen hast du uns mitgebracht?“

„Das ist eine Kollegin vom Amt“, sagte Fuchs. „Hauptwachtmeisterin Schädlich. – Irina und Jegor Daninow. Die beiden leben seit fünfzehn Jahren hier.“

Die beiden Beamten wurden in die gute Stube des Hauses geführt und auf das Sofa komplimentiert, wo vor ihnen auf dem Tisch sogleich zwei Gläser mit einer wasserhellen Flüssigkeit erschienen.

Jegor nahm ihnen gegenüber Platz. „Was treibt dich in mein bescheidenes Heim zu dieser Tageszeit?“

„Ich suche jemanden“, sagte Fuchs.

Jegor lachte. „Du suchst immer jemanden, mein Freund. Was er getan?“

„Wir wissen es nicht. Vielleicht nur etwas beobachtet, vielleicht einen Mann erschossen. Wer ist zurzeit euer Bewacher?“

Fräulein Schädlich schaute den Kommissar überrascht an, sagte jedoch nichts.

„Heißt Anatoli Kostenschuk. Treibt sich oft im Kasino herum. Aber er spielt nicht. Er trifft dort Leute.“

„Was für Leute?“

„Woher soll ich das wissen, mein Freund?“ Jegor kippte sein Glas in einem Zug und schenkte sich aus der Flasche auf dem Tisch nach.

Fräulein Schädlich nahm das als Zeichen, es ihm gleich zu tun. Fuchs wollte eingreifen, rief: „Warten Sie!“, aber die junge Frau hatte das Glas bereits an die Lippen gesetzt und den Kopf in den Nacken geworfen wie ihr Gastgeber.

Im nächsten Augenblick saß sie mit weit geöffnetem Mund röchelnd da. Sie starrte das leere Glas an. „Himmel, was ist das?“, brachte sie mühsam zwischen zwei Atemzügen heraus. Ihre Augen tränten.

„Gut, ja?“ Jegor nickte bekräftigend und hielt bereits wieder die Flasche in der Hand.

Fräulein Schädlich hielt eilig eine Hand über ihr Glas. „Nicht noch einen“, presste sie hervor. „Ich muss noch Auto fahren.“

„Ach, sie fahren dann wie der Teufel“, sagte Jegor.

„Das tut sie auch ohne deinen Selbstgebrannten, Jegor“, erklärte Fuchs. „Sag mir, wie kann ich diesen Kostenschuk finden?“

„Im Kasino. Wie ich sagte. Such nach einem großen Mann.“ Jegor hielt seine Rechte weit über seinen Kopf. „So groß. Ganz weiße Haare. Ist aber jung. Denke, so wie du. Und er hat Augen wie der Teufel. Rot wie Glut der Hölle.“

„Ein Albino“, sagte Fräulein Schädlich, die inzwischen wieder normal atmete.

„Nennt man so.“ Jegor nickte. „Aber ich sage: Schickt uns die Hölle. Alle, die Rasputin schickt, kommen aus der Hölle. Weil mit Rasputin Russland die Hölle ist.“ Jegor nickte seinen eigenen Worten zu, leerte das zweite Glas und griff nach der Flasche.

„Schacheite ne tak mnogo“, rief Irina zu ihnen hinüber.

Jegor winkte ab und grimassierte, stellte die Flasche jedoch zurück. Seine Frau hatte sich offenbar nicht sehr begeistert über sein Trinkgebaren geäußert, mutmaßte Fuchs.

„Danke für deine Hilfe, Jegor. Wir müssen los. Müssen mit diesem Kostenschuk sprechen.“ Er erhob sich. Fräulein Schädlich und Jegor folgten seinem Beispiel.

Sie schüttelten einander die Hände, dann verließen die Beamten die Wohnung.

„Was meinten Sie mit Bewacher?“, fragte die Hauptwachtmeisterin, als sie wieder am Auto standen. Sie deutete auf die Wohnhäuser um sie herum. „Das hier ist doch kein Gefängnis."

„Nein", sagte Fuchs. „Aber Rasputin hat immer ein oder zwei Leute hier, die achtgeben, dass die Russen im Ausland ihren Landsleuten daheim keine klugen Gedanken in den Kopf setzen." Er öffnete die Wagentür. „Es gibt immer mal Unfälle. Manchmal trifft es einen der Immigranten, manchmal einen der Agenten des großen Herrschers. Die Polizei mischt sich nicht ein. Wir auch nicht."

„Sollte man nicht etwas unternehmen?"

„Was?"

„Die Täter zur Rechenschaft ziehen. Wie es sich gehört."

„Ich sagte doch: Es handelt sich um Unfälle. Meist gibt es Zeugen, die das bestätigen. Jemand ist unvorsichtig auf die Straße getreten. Muss voll Wodka gewesen sein, der arme Kerl. Oder jemand hat nicht aufgepasst, als er seine Waffe gereinigt hat. War ein altes Ding und ging plötzlich los. Die eigene Ehefrau sagt das. Zittert vor Angst, die arme Frau. Weil sie jetzt immer die Waffen reinigen muss. – Fahren wir." Fuchs stieg ein.

Für einen Besuch im Kasino war es noch zu früh, daher fuhren sie zum Amtsgebäude zurück, um sich über die Entwicklungen im Fall zu erkundigen. Die Mitarbeiter des Amtes und die Beamten der Kriminalpolizei arbeiteten Hand in Hand. Der Wachmann, so erfuhren Fuchs und Schädlich, war allgemein beliebt. Er hatte, wie man so sagt, immer einen flotten Spruch auf den Lippen. Seine Laster lagen im Durchschnitt. Es gab keinen Ärger mit Kollegen. Jedermann schien seinen Tod zu bedauern. Das untermauerte die These vom unglücklichen Zusammentreffen mit einem Agenten, der den Zeitapparat im Visier gehabt hatte.

Gerber ließ sich Bericht erstatten. „Sie sind auf dem richtigen Weg“, sagt er, nachdem Fuchs geendet hatte. „Ich setze mich gleich mit der Meldestelle in Verbindung. Die müssten mir sagen können, wo dieser Kostenschuk wohnt. Falls er sich nicht illegal in Deutschland aufhält. Und das bezweifele ich. Diese Agenten achten immer peinlich genau darauf, alle Formalitäten einzuhalten. Eigentlich kann man sie daran allein bereits erkennen. Kein normaler Mensch ist so bemüht, alle Papiere und Unterschriften so vorbildlich beizubringen.“ Er winkte Fuchs aus dem Raum. „Ich gebe Ihnen Bescheid.“

Eine halbe Stunde später stand Gerber in Fuchs‘ Kellerbüro und drückte diesem einen Zettel mit einer Adresse in die Hand. „Wie viele Beamte brauchen Sie?“

„Wozu?“

„Um diesen Russen dingfest zu machen.“ Gerber tippte mit einem Finger auf den Zettel.

„Ich will ihn befragen“, sagte Fuchs, „nicht festnehmen.“

„Sie sollten nicht allein dort hingehen. Rasputins Agenten schrecken vor nichts zurück.“

„Ich habe die Hauptwachtmeisterin bei mir“, sagte Fuchs.

„Ich rede von einer richtigen Begleitung.“

„Die habe ich. Danke.“ Fuchs wandte sich ab.

„Hören Sie, Fuchs, seien Sie vernünftig. Ich werde zwei weitere Beamte der Polizei anfordern, die Sie begleiten.“

Fuchs fuhr herum. „Damit dieser Typ stumm wie ein Fisch wird? Egal, was ich frage. Egal, wie tief er wirklich in dieser Geschichte drinsteckt. Unsinn. Schädlich und ich gehen zu zweit.“

„Nehmen Sie wenigsten einen kleinen Werfer mit“, sagte Gerber.

„Ich werde es mir überlegen. Danke." Fuchs drehte sich erneut von Gerber weg und trat an seinen Schreibtisch. Er hörte hinter sich die Tür schlagen. Gerber schien nicht begeistert von seinem Verhalten zu sein.

„Sie hätten auf ihn hören können", sagte Fräulein Schädlich, nachdem Gerber den Raum verlassen hatte. „Er ist unser Vorgesetzter, wissen Sie."

„Er hat keine Ahnung", sagte Fuchs. „Kommen Sie, wir machen uns auf den Weg."

An der angegebenen Adresse unterhalb des Merkur, des Hausbergs von Baden-Baden, fanden die beiden Beamten eine beachtliche Villa mit umlaufendem Balkon. Es handelte sich um Gästehaus, wie ein Messingschild am Eingang verkündete. Auf ihr Läuten hin erschien eine Dame mittleren Alters mit lockigem, braunem Haar. Sie griff, als sie die beiden Beamten erblickte, in ihre Frisur, um diese zu richten, und setzte ein professionelles Lächeln auf.

„Ich freue mich, Sie in meinem Hause begrüßen zu können. Suchen Sie ein Zimmer? Wir haben welche mit eigenem Baderaum. Wenn es etwas preiswerteres sein soll, so gibt es im Erdschoss auch welche mit Gemeinschaftsbad."

„Danke", wehrte Fuchs ab. „Wir suchen kein Zimmer. Wir sind vom Amt für Ætherangelegenheiten." Er wies seinen Dienstausweis vor. „Wir möchten mit einem Ihrer Gäste sprechen. Herrn Kostenschuk."

„Das tut mir aber leid." Die Dame wirkte aufrichtig geknickt. „Herr Kostenschuk ist nicht im Hause. Um diese Zeit geht er meist im Kurpark spazieren." Sie deutete in Richtung der neuen Anlage unterhalb des Battert. „Kommen Sie doch heute Abend wieder."

„Wir würden lieber gleich mit ihm sprechen", sagte die Hauptwachtmeisterin energisch.

„Nun, er ist eine auffällige Erscheinung. Ziemlich groß und sehr blass. Er hat schon ganz weißes Haar, der arme Mann. Dabei ist er kaum älter als Sie." Sie lächelte Fuchs zu.

„Wir suchen ihn", entschied die Hauptwachtmeisterin.

Sie kehrten zum Wagen zurück, sausten den Berg hinab Richtung Leopoldplatz und bogen zum Kurpark ein. Dort mussten sie nicht lange suchen. Ein Mann, der zu der Beschreibung sowohl seiner Wirtin als auch Jegors passte, saß allein auf einer Bank und blickte auf die Kurstadt hinab, die sich unter ihnen ausbreitete. Er schien ganz in die Betrachtung der Idylle versunken. Neben ihm lag ein dickes, in Leder gebundenes Buch. Seine Linke stützte sich darauf ab.

Fuchs und Schädlich eilten auf ihn zu und bauten sich vor ihm auf.

„Anatoli Kostenschuk?", fragte die Hauptwachtmeisterin und zückte gleichzeitig ihren Ausweis. „Wir haben ein paar Fragen an Sie."

„Ah, das Amt für Ætherangelegenheiten. Was kann ich für Sie tun, junge Frau?"

„Sie können mich mit Frau Hauptwachtmeister anreden, Herr Kostenschuk. Wo waren Sie in der vergangenen Nacht?"

Kostenschuk schlug die Beine übereinander und legte den Zeigefinger der Rechten an die Nasenspitze. „Lassen Sie mich überlegen." Er schwieg einige Sekunden und fuhr dann fort: „Ich kam um neun Uhr abends ins Kasino und blieb bis kurz nach Mitternacht. Danach kehrte ich in die Pension zurück, wo ich logiere und ging zu Bett."

„Kein Ausflug in Richtung Geroldsau?"

„Was sollte ich dort?" Der Mann schaute neugierig von Schädlich zu Fuchs und wieder zurück.

„Einen Mann erschießen, der eine Anlage des Amtes bewacht", sagte die Hauptwachtmeisterin.

„Die Zeitmaschine meinen Sie?"

„Woher wissen Sie davon?"

„Ich muss Ihnen doch wohl nicht erklären, was meine Profession ist", erwiderte Kostenschuk. „Weshalb sonst sollten Sie ausgerechnet mit mir sprechen wollen? Also, hören Sie auf mit Ihren Ratespielchen und reden Sie Klartext. Ein Wachmann wurde offenbar erschossen, während er die Zeitmaschine des Amtes bewachte. Stimmt das so im Großen und Ganzen? Und es ist in der letzten Nacht geschehen. Wann?"

„Das wissen wir auch noch nicht genau", sagte Fuchs. „Vielleicht wissen Sie es ja besser als wir."

Kostenschuk schüttelte den Kopf. „Ich erschieße keine Wachleute. Rasputin ist auf der Seite der einfachen Leute, der Arbeiterklasse. Ich würde seine Ideale verraten, wenn ich einen einfachen Mann erschieße, der nur seine Arbeit tut."

„Und das sollen wir Ihnen weshalb glauben?", fragte die Hauptwachtmeisterin.

„Weil ich praktisch die ganze Zeit nicht allein war in der letzten Nacht."

„Sie sagten, Sie seien zu Bett gegangen."

„Ich sprach nicht davon, geschlafen zu haben." Kostenschuk zwinkerte Fräulein Schädlich zu, die errötete.

„Wir brauchen einen Namen", sagte Fuchs.

„Ich bin für meine Diskretion berühmt", erwiderte der Russe. „Aber ich werde Ihnen einen anderen Namen geben: Paul Biddington."

Fräulein Schädlichs Augenbrauen wanderten nach oben.

„Nein, nicht was Sie denken, junge Frau. Paul Biddington, genannt Mausohr, treibt sich seit ein paar Wochen in der Stadt herum. Meine Leute haben mir zugetragen, er interessiere sich sehr für die Anlage in Geroldsau. Kleiner Typ, läuft meist in einem speckigen Trenchcoat herum. Stimme, wie eine Kreissäge. Und seine Ohren erst …“ Kostenschuk kicherte wie ein kleines Mädchen. „Das sind keine Ohren, das sind Schalltrichter. Er ist ein Veränderter. Ich weiß nicht genau, was er kann, aber in Langley nehmen sie nur Leute mit ausgefallenen Fähigkeiten, keine Wolfsmenschen, die vor Kraft kaum laufen können.“ Kostenschuk nahm sein Buch und erhob sich. „Sie verzeihen, aber ich habe noch eine Verabredung.“

„Warten Sie“, rief Fuchs. „Wo finden wir diesen Biddington?“

„Um diese Zeit ist er zumeist in seinem Hotel. Ich weiß leider nicht, wo er logiert. Ich werde mich für Sie umhören. Treffen Sie mich morgen wieder hier, dann weiß ich mehr.“ Er nickte ihnen zu und ging endgültig.

Schädlich und Fuchs sahen ihm nach, wie er die Kurwege Richtung Stadt entlang ging.

„Glauben Sie ihm?“, fragte die Hauptwachtmeisterin.

„Ja. Er war zu selbstsicher. Wenn wir oder die Polizei darauf drängen, wird er uns sein Betthäschen präsentieren. Das Einzige, was dabei herauskommt, mag eine kompromittierte Dame der Gesellschaft sein.“ Fuchs setzte sich in Bewegung.

„Und was tun wir?“

„Abwarten bis morgen.“

„Bis dahin können sich sowohl dieser Biddington als auch Kostenschuk aus dem Staub gemacht haben. Wir müssen etwas unternehmen.“

„Gut. Biddington ist ein Veränderter. Er muss beim Amt gemeldet sein."

„Sie sind ein Idealist, Fuchs." Fräulein Schädlich stieß ein Geräusch des Unmutes aus. „Wenn ich richtig verstanden habe, ist dieser Mann bei der CIA. Glauben Sie wirklich, der meldet sich brav beim Amt?"

„Gerade der", sagte Fuchs. „Wie Gerber sagte: Diese Leute achten sehr darauf, als gute, gesetzestreue Bürger aufzutreten. Außerdem ..." Fuchs sprach nicht weiter. Er blieb stattdessen stehen und blickte über die Stadt hinweg zum Fremersberg.

„Was?"

„Die Stimme." Fuchs hauchte die Worte lediglich.

„Sie denken, dieser Biddington hat ihnen aufgelauert?"

„Es würde passen." Fuchs klatschte in die Hände. „Umso wichtiger, dass wir mit ihm sprechen."

Sie erreichten den Wagen, stiegen ein und fuhren Richtung Amt zurück. Dort erwartete sie Gerber bereits auf dem Gang.

„Was haben Sie erreicht?"

Fuchs und Schädlich erstatteten Bericht.

„Und Sie haben diesen Mann einfach so gehen lassen?", fuhr Gerber Fuchs an. „Sind Sie des Wahnsinns?"

„Seine Geschichte klang glaubhaft."

„Pah! Das ist ein Agent, ein russischer Agent! Ein Berufslügner! Ich werde mich mit der Polizei in Verbindung setzen und ihn festsetzen lassen."

„Er will uns zu Biddington führen", sagte Fuchs. „Der ist wichtig."

„Ja. Als Ablenkungsmanöver. Denken Sie nach, Kommissar Fuchs. Ich glaubte bisher, Sie könnten das." Gerber ließ sie kurzerhand stehen und eilte in sein Büro.

„Nein, Amtsrat, warten Sie ..." Fuchs lief ihm nach, Hauptwachtmeisterin Schädlich blieb kopfschüttelnd zurück.

Als Fuchs Gerbers Büro betrat, telefonierte dieser bereits. „... ist jetzt in seiner Pension. – Erledigen Sie das."

„Herr Amtsrat, so hören Sie doch ...", wollte Fuchs eingreifen, aber Gerber winkte unwirsch ab.

„Eine Sondereinheit. Ja." Gerber hielt den Hörer zur Seite und wandte sich an seinen unterstellten Mitarbeiter. „Es ist alles gesagt, Herr Fuchs. Die Polizei kümmert sich um den Russen. Und diesen Ami finden wir auch noch, verlassen Sie sich darauf." Er hielt den Hörer wieder ans Ohr. „Ich bitte um eine saubere Lösung. – Danke. – Wir hören uns später." Gerber legte auf. „Sie stehen ja immer noch hier herum. Gehen Sie in Ihr Büro und schreiben Sie einen Bericht."

Kommissar Fuchs tippte noch die letzten Zeilen seines Berichtes, da trat Fräulein Schädlich ins Büro. Sie sah ein wenig blass um die Nasenspitze herum aus. „Haben Sie es schon gehört?", fragte sie ohne Einleitung.

„Was gehört?"

„Kostenschuk wurde erschossen. Er soll sich massiv der Verhaftung widersetzt haben."

„Ein abgeklärter Typ wie Kostenschuk? Der ruft doch nur nach einem Anwalt und dem Botschafter." Fuchs sprang auf. „Das ist doch oberfaul."

„Gerber hat es mir gesagt. Wir sollen zum Luftschiffhafen. Angeblich startet dort ein Luftschiff in Richtung Frankfurt. Dieser Biddington soll an Bord sein. Sie wissen, was das heißt?"

„Er will sich nach Hause absetzen."

„Dann war Kostenschuk ein bedauerlicher Fehler, oder?"

„Ich glaube nicht, dass das nur ein Fehler war." Fuchs knurrte wie ein Wolfsveränderter. „Hier ist eine ganz üble Geschichte im Gange, Fräulein Schädlich."

„Sie glauben doch nicht ernsthaft, jemand hier beim Amt oder jemand von der Polizei hätte absichtlich für Kostenschuks Tod gesorgt. Das sind Hirngespinste. Ich weiß ja, dass Sie manchmal seltsame Ideen im Kopf haben, aber das übersteigt alles, was ich bisher von Ihnen gehört habe. Und nur, weil jemand aus einer dunklen Ecke Ihnen etwas zugeraunt hat. Vergessen Sie das! Vergessen Sie das ganz schnell, sonst sind Sie bald des Wahnsinns fette Beute."

„Wahnsinn ist, dass wir mit der Zeit herumspielen."

„Beim Amt weiß man, was man tut. Hier werden höchste Sicherheitsmaßstäbe angelegt."

„Aber weiß man auch, wer noch alles seine Finger nach dieser Entwicklung ausstreckt?" Fuchs winkte ab. „Also los, fahren wir zum Flughafen und schnappen uns Biddington. Diesmal dürfen Sie Ihren Fahrstil voll auskosten."

Fuchs fühlte sich wenig später, als säße er in einer Rakete. Der Wagen schoss die Straße zum Fremersberg hinauf. Er klammerte sich am Griff über dem Fenster fest und schaute auf die Geschwindigkeitsanzeige. Der Anblick der vorbeirasenden Landschaft und ihnen entgegenkommender Wagen hätte ihm Übelkeit verursacht.

Als sie den Flughafen erreichten, hatten die Passagiere des Linienfluges nach Frankfurt bereits ihre Plätze eingenommen. Bis zum Start konnte es nur noch wenige Minuten dauern. Die Mitarbeiter des Flughafens schüttelten bedauernd die Köpfe. Mitarbeiter des Amtes für Ætherangelegenheiten besaßen zwar weitreichende Befugnisse, aber einen Flug aufhalten konnte nur die Polizei. So standen Fuchs und Schädlich mit verzweifeltem Blick an der Scheibe des Panoramacafés und sahen dem Luftschiff beim Start zu.

„Wir müssen zurück. Gerber muss dafür sorgen, dass Biddington in Frankfurt aufgehalten wird." Fuchs wandte sich ab und lief bereits die Treppen hinab.

„Es liegt nichts gegen Biddington vor. Kostenschuks Widerstand wird als Schuldeingeständnis gewertet", sagte Gerber und hob bedauernd die Schultern. „Ich kann es versuchen, aber viel Hoffnung mache ich Ihnen nicht, Herr Kommissar." Er griff nach dem Telefonhörer und wählte eine Nummer.

Das nachfolgende Gespräch verlief relativ kurz. Gegen Ende bestand es auf Gerbers Seite nur aus wiederholtem „Ja." und „Natürlich."

Er legte auf und wandte sich wieder an Fuchs. „Nichts zu machen. Sie halten keinen amerikanischen Staatsbürger nur aufgrund von Vermutungen auf. Und es sind doch nur Vermutungen, oder?"

„Ja, nur Vermutungen“, sagte Fuchs kläglich.

War das Gebiet um den neuen Kurpark und die neue Trinkhalle um Mitternacht lediglich von einigen Spätheimkehrern belebt, so lag die alte Trinkhalle zu dieser Zeit bereits in völliger Finsternis. Das Café an seiner linken Seite existierte nicht mehr, die Trinkbrunnen selbst waren verwaist. Sie wurden nur noch zu Zeiten niedriger Ætheraktivität genutzt. Die Beleuchtung wurde abgeschaltet, kurz nachdem die Theatervorstellungen endeten. Danach bedurfte ihrer keiner mehr. Auf der Rückseite der Trinkhalle herrschte stygische Finsternis.

Ein Streichholz wurde entzündet. Eine Zigarette glomm auf.

„Ah, da sind Sie“, sagte jemand.

„Sie haben nicht aufgepasst“, antwortete der Mann mit der Zigarette. „Das hätte leicht ins Auge gehen können.“

„Ich war jederzeit Herr der Lage“, erwiderte der andere.

„Sie müssen diesen Fuchs im Auge behalten. Der gibt sich nicht so einfach zufrieden.“

„Auch dieses Problem lässt sich lösen, Klaus.“

„Keine Namen!“ Ein scharfes Zischen drang aus der Dunkelheit um das glühende Ende der Zigarette.

„Ja, klar.“ Furcht schwang in der Stimme des anderen Mannes mit. Er vermutete, dass in der Finsternis eine Waffe auf ihn gerichtet war, und wenngleich man nicht die Hand vor Augen sehen konnte, würden eine Kugel oder ein Ætherblitz auf diese Entfernung das Ziel nicht verfehlen.

„Ich verlasse mich auf Sie. Wir verlassen uns auf Sie. Weshalb hätten wir Sie sonst dorthin gebracht, wo sie jetzt sitzen?“

Der Angesprochene glaubte, seinen eigenen Angstschweiß riechen zu können. Sie hatten ihn in der Hand. Er hatte sich mit dem Teufel eingelassen und nun musste er tanzen oder sterben.

„Ich werde Sie nicht enttäuschen“, presste er hervor.

„Guter Mann. Gehen Sie und denken Sie immer daran: Wir tun das für unser Land, für Deutschland.“

Das glühende Zigarettenende wanderte in einem Kreisbogen herum, eher es verschwand. Der Mann hatte sich abgewandt und ging seiner Wege.

Der Ursprungsforscher

Dunkelheit lag über dem Labor. Der halbe Mond schien zum Fenster hinein auf Regale voller Glasbehälter und Arbeitsflächen mit wissenschaftlichen Apparaten und Geräten. Aber alles lag still da. Die Zentrifuge ruhte, der Ætherverdichter an der hinteren Wand zeigte mit einem glühendroten Auge Betriebsbereitschaft und schwieg. Wie ein braver Diener wartete er auf seinen Herrn und dessen Befehle, um wieder gute Arbeit zu verrichten.

In den Gläsern auf den Regalen glühte der Æther grün wie Nordlicht. Die Behältnisse waren von ihrem Besitzer nach der Stärke der Abstrahlung geordnet worden.

Ein Kratzen draußen an der Tür verriet, dass jemand versuchte, sich Einlass in das nächtlich-stille Haus zu verschaffen. Der Eindringling hantierte mit Dietrichen. Einige Leute aus dem Bahnhofsviertel der nahen Stadt Frankfurt würden ihm bescheinigen, dass er Übung nötig habe, wenn er es als Einbrecher weiterbringen wollte. Aber niemand beobachtete ihn. Die Nachbarn links und rechts in ihren Betten träumten genauso wie der Bewohner nämlichen Hauses. So konnte der Fremde ungesehen eindringen, auch wenn er deutlich mehr Zeit benötigte als ein Profi.

Er trat in den Flur, zog eine Taschenlampe aus der Jacke, schaltete sie ein und ließ ihr Licht durch den Raum wandern. Es beleuchtete eine eichene Garderobe linkerhand. Ein langer, heller Mantel hing dort. Auf der Hutablage ruhte ein Bowler. Beide Kleidungsstücke wurden selten getragen, denn ihr Besitzer ging nur wenig außer Haus. Er beschäftigte eine Aufwartefrau, die in den Räumen für Ordnung sorgte und Einkäufe erledigte. Nur das Labor durfte sie nicht betreten.

Das Licht des ungebetenen Gastes fiel auf die Treppe zum Obergeschoss. Er wandte sich dorthin und stieg die Stufen hinauf. Sie alle waren neu, keine gab ein Geräusch von sich, das ihn hätte verraten können. Er folgte dem Gang oben bis zur zweiten Tür, wo, wie er wusste, der Hausherr schlief. Er löschte das Licht der Taschenlampe. Leise drückte er die Klinke nieder und schob die Tür auf.

Der Hausherr schlief auf dem Rücken und schnarchte. Es handelte sich um einen Mann zwischen fünfzig und sechzig, dessen Gesicht ein wenig ausgemergelt wirkte. Sein spärliches, graues Haar stand wie Strahlen von seinem Kopf ab. Eine Drahtgestellbrille lag auf einem Nachttisch rechts neben dem Bett.

Der Besucher schaltete das Licht der Taschenlampe wieder ein. Gleichzeitig zog er aus der rechten Jackentasche eine Ætherwaffe und richtete sie auf den Hausherrn. Er lenkte den Lichtstrahl direkt auf dessen Gesicht. Als der Mann verschlafen blinzelnd die Augen öffnete, sagte sein Gegenüber mit gemessenem Ton: „Gute Nacht, Herr Professor."

Der Mann im Bett kam nicht mehr dazu, zu schreien oder gar aus dem Bett zu springen. Ihn traf ein Blitz aus der Ætherwaffe. Ein Zittern durchlief seinen Körper, als habe er einen starken elektrischen Schlag erhalten. Mit klaffendem Mund sank er ins Kissen zurück. Speichel rann aus einem Mundwinkel, die Blase entleerte ihren Inhalt unwillkürlich. Der Mann war tot.

Sein mörderischer Besuch kehrte ins Erdgeschoss zurück und wandte sich dem Labor zu. Er hatte noch eine Arbeit zu erledigen.

„Wir haben einen neuen Auftrag“, sagte Hauptwachtmeisterin Schädlich und schloss die Tür zum Büro, das sie sich mit Fuchs teilte, hinter sich.

Der Kommissar sah von seiner Tätigkeit auf, die darin bestanden hatte, Papiere von einer Seite des Schreibtisches zur anderen zu räumen. „Was ist es diesmal? Eine Herde Pferdeleute von einem Privatgrund treiben? Uns die Klagen der Nachbarn anhören, die neben einem Fledermausmenschen leben? Gerber gibt uns in den letzten Wochen nur noch Hilfsarbeiten, die ein Aspirant erledigen könnte.“

„Nein, es geht um einen Mord. Die Kriminalabteilung in Frankfurt benötigt Amtshilfe.“

„Wieder mal das Lied von den mörderischen Veränderten“, stöhnte Fuchs.

„Irrtum. Der Tote ist Professor Westinghusen, deshalb. Der oder die Täter haben im Anschluss an die Tat sein Labor verwüstet. Die örtlichen Kriminalisten wollen unsere Expertise. Sie wollen wissen, ob man den Professor wegen seiner Forschung getötet hat.“ Fräulein Schädlich trat näher an den Schreibtisch und legte Fuchs eine Hand auf die Schulter. „Nicht alle Leute haben Vorurteile.“

„Aber zu viele.“ Fuchs kratzte sich am Kinn. „Westinghusen ... Westinghusen ... Ich weiß, der Name sollte mir etwas sagen.“

„Ursprungsforscher. Einer von denen, die ergründen wollen, woher der Æther kam, warum er plötzlich frei agiert. Manche behaupten, er wisse es bereits, habe aber noch nicht veröffentlichen wollen. Es heißt, er sei Perfektionist gewesen. Und ein ziemlicher Eigenbrötler.“

„Ach, der Westinghusen." Fuchs sprang auf. „Dann dürfte es keine Frage sein, ob er wegen seiner Forschung umgebracht worden ist. Sie wissen genau, dass es Kräfte gibt, die unbedingt die Uhr zurückdrehen wollen."

„Fuchs, Sie sehen viel zu viele Verschwörer um sich herum. Kommen Sie, wir fahren nach …", sie zog einen Zettel aus einer Rocktasche und blickte darauf, „… Kelsterbach. Dort werden wir in Erfahrung bringen, was passiert ist."

„Vorher muss ich mit jemandem sprechen." Fuchs sprang auf, griff nach dem Jackett, das über der Lehne des Schreibtischstuhles hing und zog es im Hinausgehen an. An der Tür wandte er sich um. „Ich bin in zehn Minuten bei Ihnen am Auto. Packen Sie schon mal unsere Siebensachen zusammen."

Fuchs begab sich zur Temporalabteilung und klopfte an eine Tür. „Doktor Trautmann, Oberrat", stand auf einem Messingschild.

„Herein", scholl es Fuchs von drinnen entgegen. Er öffnete die Tür und trat ein.

Doktor Richard Trautmann war ein schlanker, blasser Mann mit hübschen Gesichtszügen und einem gewinnenden Lächeln. Fuchs wusste um die Kantinentuscheleien der jungen weiblichen Beamtinnen, von denen einige ein Auge auf den Experten für Fragen der Temporalistik geworfen hatten.

„Mit dem mal durch die Zeit reisen", gehörte zu den gängigen Seufzern.

Doktor Trautmann erhob sich und reichte die Rechte über den Schreibtisch. „Guten Morgen, was kann ich für die Kollegen von der Investigation tun?"

„Ich habe eine einfache Frage: Was würde geschehen, wenn jemand in der Zeit zurückreiste und die Entstehung des Æthers verhinderte?"

„Ich bin Wissenschaftler, kein Hellseher, Herr Kollege", sagte Trautmann. „Die Frage kann Ihnen niemand beantworten. Allerdings, am wahrscheinlichsten wäre, dass wir davon gar nichts mitbekämen."

Fuchs starrte den Doktor verblüfft an. Der setzte sich wieder, stützte die Ellenbogen auf den Schreibtisch und legte die Handflächen aneinander wie zum Gebet. „Setzen Sie sich, ich erkläre es Ihnen."

Fuchs tat wie geheißen.

„Den Æther aus der Welt, wie wir sie kennen, zu verbannen, wäre ein einschneidendes Ereignis. Wir leben jetzt seit fünfunddreißig Jahren mit ihm, haben die Veränderungen und Veränderten in unser Leben integriert." Trautmann hob die Hand, um Fuchs' Entgegnung zuvor zu kommen. „So steht es im Gesetz und die meisten Menschen halten sich daran. Ein paar Wirrköpfe gibt es immer und überall. – Ein Leben ohne Æther ist doch praktisch nicht mehr vorstellbar. Wir reisen damit, wir fliegen damit, wir lassen ihn für uns arbeiten, wir schaffen Kunst mit seiner Hilfe. Er ist ebenso Bestandteil unseres Alltags, wie es vor fünfzig Jahren das Pferd und die Dampfkraft war."

Trautmann senkte seine Arme, legte sie flach auf den Schreibtisch und beugte sich vor. „So, und jetzt stellen Sie sich vor, es habe all das nie gegeben. Puff!" Er hob eine Hand, schloss sie zur Faust und öffnete sie rasch wieder. Eine Geste, die wohl eine Explosion symbolisieren sollte. „Niemand kann sich das vorstellen. Wahrscheinlich nicht einmal die Wirklichkeit selbst. Darum käme es zu einem

Zeitriss. Es wäre ja schließlich auch ein Paradox, nicht wahr."

„Inwiefern?"

„Ohne Æther keine Zeitreisen, ohne Zeitreise keine Verhinderung des Æthers. Sehen Sie das Problem?"

Fuchs nickte.

„Jedes Zeitparadoxon führt zur Herausbildung einer eigenen Zeitlinie, jedenfalls gibt es Forscher, die dies für den wahrscheinlichsten Effekt halten. Er wird durch die Rickmarsche Vermutung beschrieben. Das heißt, wir bekämen von so einer Veränderung nichts mit. In unserer Zeit bliebe alles, wie es ist. Nur der Zeitreisende würde in die veränderte Zeitlinie zu einem späteren Zeitpunkt zurückkehren. In eine völlig veränderte Welt."

Fuchs strich sich durchs Haar. „Wollen Sie sagen, es wäre egal, wenn jemand so etwas täte? Wir könnten ihn gewähren lassen?"

Trautmann schüttelte den Kopf. „So einfach ist das nicht. Es heißt nicht umsonst Rickmarsche VERMUTUNG. Man kann diesen Effekt nicht beweisen. Es ist die angenommene Selbstheilung der Zeit. Was geschieht, wenn die Vermutung falsch ist, weiß kein Mensch zu sagen. Vielleicht würde das Universum aufhören zu existieren oder sich zu verändern, was auf das Gleiche hinausliefe – allgemeiner Tod. Darum obliegen alle Zeitreisen strengen Auflagen, darum sitze ich unter anderem hier. Darum ist der große Zeitapparat die bestbewachte Anlage des Amtes."

„So gut auch wieder nicht", sagte Fuchs, der an den Zwischenfall vor einigen Wochen dachte.

„Die Wachen wurden inzwischen verdreifacht."

„Wofür brauchen wir überhaupt so ein Ding?", entfuhr es Fuchs.

„Wissensdrang, Herr Kollege, Wissensdrang. Und wenn wir es nicht bauen, baut es ein anderer. Niemand kann eine Entwicklung aufhalten, die einmal angestoßen worden ist. Sie können das mit Pandoras Schatulle vergleichen oder für einen Segen halten, egal. Aufzuhalten ist es nicht.“ Trautmann zuckte mit den Schultern. „Glauben Sie wirklich, jemand wäre so verrückt, in der Zeit zurückzureisen, um die Entstehung des Æthers zu verhindern?“

„Jemand hat einen bedeutenden Ursprungsforscher getötet und das Labor verwüstet“, sagte Fuchs.

„Es müsste ein ziemlicher Verrückter sein, jemand dem die Konsequenzen nicht klar oder völlig egal sind. Denn entweder erreicht er eigentlich gar nichts oder er vernichtet alles.“

„Vielleicht ist das demjenigen ja egal. Immerhin wäre seine persönliche Welt anschließend eine andere.“

Trautmann rieb sich das schmale Kinn. „Nun, es gibt solche Menschen. Aber zum Glück sind wir ja da, nicht wahr?“ Er lächelte. „Drücken wir die Daumen, dass Rickmarsch recht hat.“

„Nehmen Sie die Sache nicht ein wenig zu leicht, Herr Doktor?“

„Was soll ich tun? Den Zeitapparat zerstören? Das ist Maschinenstürmerei. Die hat noch nie etwas gebracht. Es gäbe nur einen Weg. Und der würde ebenfalls an der Rickmarschen Vermutung scheitern. Suchen Sie also besser den Mörder dieses Wissenschaftlers und sperren Sie ihn weg.“

„Wir tun unser Bestes“, sagte Fuchs, erhob sich und verließ den Raum.

Richard Trautmann blieb nachdenklich an seinem Platz zurück. Zum ersten Mal in seinem Leben fragte er sich, ob

Zeitreisen wirklich so nützlich waren, dass sie das mit ihnen verbundene Risiko rechtfertigten.

Kommissar Fuchs und Hauptwachtmeisterin Schädlich waren seit anderthalb Stunden unterwegs in Richtung Frankfurt. Fuchs saß wie gebannt auf dem Beifahrersitz und hielt sich mit beiden Händen am Sitzpolster fest. Die modernen, schnellen Autos mit Ætherunterstützung gefielen ihm nicht. Eigentlich gefiel es ihm überhaupt nicht, mit wahnwitziger Geschwindigkeit durch die Gegend zu rasen, egal welcher Antrieb dahintersteckte. Ein Schild tauchte vor ihnen auf und wies den Weg nach Hockenheim.

„Das wäre etwas für Sie", sagte Fuchs.

„Was meinen Sie?"

„Diese Rennstrecke bei Hockenheim. Da könnten Sie rasen, wie es Ihnen gefällt."

„Ich rase nicht, Herr Kollege." Fräulein Schädlich schüttelte ungehalten den Kopf. „Außerdem ist die Rennstrecke nur für Motorräder."

„Es gibt Pläne, die Strecke um- und auszubauen. Es soll eine ganz moderne Test- und Rennstrecke werden. Ich glaube, die Werke von Daimler und Benz geben Geld dafür."

„Und Sie denken wirklich, ich könnte mit den Rennsportgrößen mithalten?" Fräulein Schädlich lachte schallend. „Sie überschätzen mein Talent. Ich heiße weder Caracciola noch Stuck."

„Sie sehen aber auf jeden Fall besser aus", sagte Fuchs wohl mehr zu sich selbst. Fräulein Schädlich wandte ihm den Kopf zu und starrte ihn an.

„Sehen Sie nach vorn!“, schrie Fuchs und gestikulierte zur Frontscheibe hin.

Vor ihnen tuckerte ein Traktor gemächlich die Straße entlang, dem sie sich rasch näherten. Mit einer lässigen Bewegung ließ die Hauptwachtmeisterin den Wagen nach links ausscheren und das Hindernis überholen.

„Himmel, das war knapp.“ Fuchs stieß geräuschvoll Luft aus.

„Unsinn. Sie sind viel zu ängstlich in solchen Dingen, Herr Kollege. Und Sie sollten Ihre Gedanken in dienstlichen Bahnen halten, wenn wir gemeinsam unterwegs sind.“

„Verzeihen Sie ... ich habe nicht ... ich wollte nicht. Es tut mir leid“, schloss er lahm. Er sah nicht das verschmitzte Lächeln seiner Kollegin.

In Frankfurt fuhren die beiden Ætherbeamten zur örtlichen Kriminalabteilung und ließen sich anmelden. Ein mit einem Bierbach und rotgeäderter Nase ausgestatteter Kriminalist empfing sie, der sich als Inspektor Kern vorstellte. Er sprach mit der weichen Zunge seiner hessischen Heimat. Fuchs konnte sich gut vorstellen, wie er abends in einer Apfelweinkneipe saß und mit anderen politisierte.

Kern setzte sie ins Bild. Professor Westinghusen wurde in der Nacht von einem Unbekannten mit einer Ætherwaffe getötet. Die Aufwartefrau fand ihn am Morgen, als sie wie üblich für den Dienst eintraf. Er musste zum Zeitpunkt, da der Polizeiarzt ihn zu Gesicht bekam, bereits etwa acht Stunden tot gewesen sein, sodass der Todeszeitpunkt irgendwann zwischen Mitternacht und zwei Uhr morgens anzusiedeln war. Offenbar wurde er von seinem Mörder im Bett überrascht. Der Täter muss sich, so stellte die Kriminaltechnik fest, eine Weile ziemlich dilettantisch mit Dietrichen an der Eingangstür versucht haben. Dort gab es massive Spuren.

Auf Grund der Faktenlage wurde angenommen, dass der Täter unbemerkt bis zum Schlafzimmer des Professors vordrang, diesen tötete und anschließend zum Labor zurückkehrte, das er völlig verwüstet zurückließ. Bisher konnte noch nicht festgestellt werden, ob etwas entwendet worden war.

„Dann kümmern wir uns erst einmal darum", entschied Fuchs. „Der Mord selbst scheint ja ziemlich trivial ausgeführt worden sein."

Kern nickte. „Sowas haben wir viel zu oft. Wäre es irgendjemand, der nicht so ein hohes Tier an der Uni gewesen ist, würde ich im näheren Umfeld suchen und auch sehr wahrscheinlich meinen Täter finden."

„Wer käme denn da in Frage?", fragte die Hauptwachtmeisterin.

„Eigentlich nicht viele. Der Professor lebte, soweit wir bisher wissen allein. Es gab keine Frau und keine Kinder. Er hat einen Bruder, der mit seiner Frau in Übersee lebt. Deren Sohn wohnt hier in Frankfurt, soweit uns bekannt ist. Ich werde den jungen Mann über den Tod des Professors informieren. Anschließend kann ich Ihnen sicher schon mehr sagen."

„Das wäre nett. Vielleicht unterhalten wir uns auch selbst einmal mit dem Mann", sagte Fräulein Schädlich.

„Sie glauben doch nicht wirklich an eine Beziehungstat", raunte Fuchs ihr zu. Er setzte sich in Richtung des Labors in Bewegung. Durch die halboffene Tür konnte man einen Teil des angerichteten Chaos darin erkennen. Die Hauptwachtmeisterin folgte ihm.

„Sehen Sie sich das an", sagte Fuchs, nachdem beide das Labor betreten und er die Tür geschlossen hatte. „Warum sollte ein Beziehungstäter so etwas tun?"

„Um von seinem wahren Motiv abzulenken", erwiderte Fräulein Schädlich. „Sie denken mir ein wenig zu einseitig, Herr Fuchs. Bei der Untersuchung eines Falles muss man in allen Richtungen denken."

„Dann denken Sie meinetwegen in die andere Richtung. Ich werde schon herausfinden, welche Entdeckung so bahnbrechend war, dass sie unbedingt vernichtet werden musste." Fuchs hockte sich nieder und betrachtete die Scherben auf dem Boden. Sie ruhten in Wasserlachen, von denen ein wenig Æther aufstieg.

Die Hauptwachtmeisterin trat an den Schreibtisch unter dem Fenster. Er schien als einziger nicht durchwühlt worden zu sein. Ein Stapel Briefe steckte ordentlich in einem Ständer. Fräulein Schädlich zog sie heraus und betrachtete die Adressen der Absender.

„Korrespondenz aus aller Herren Länder", stellte sie fest.

„Wir müssen jeden einzelnen davon gründlich studieren", kommentierte Fuchs, der kurz aufgesehen hatte.

Seine Kollegin hatte die Briefe zunächst auf den Schreibtisch zurückgelegt. Sie hockte vor der linken Tür. „Abgeschlossen", stellte sie fest. Sie besah sich das Schloss genauer. „Sieht auch nicht so aus, als habe der Einbrecher versucht, seine Dietriche einzusetzen."

„Vielleicht hatte er bereits gefunden, wonach er suchte." Fuchs stand auf und sah sich um. „Es sieht nicht so aus, als gäbe es nur ein heiles Objekt in diesem Raum." Alle Regale waren leer, ihr Inhalt vermutlich einfach mit einer rigorosen Armbewegung hinausgefegt. Die Apparaturen waren von den Tischen gestoßen worden. Einige Papiere lagen angekohlt in den Wasserlachen am Boden, offensichtlich angezündet, aber erloschen, als sie ins Wasser fielen.

„Wenn ich mir das so ansehe, erscheint es mir nicht so, als habe sich derjenige, der das hier angerichtet hat, besondere Gedanken über sein Tun gemacht,“, sagte Fräulein Schädlich.

„Jemand wollte einfach alles zerstören.“

„Ja, aber die Unterlagen sind nur leicht angebrannt und nass. Man kann gewiss noch etwas damit anfangen, wenn man nur genügend davon versteht.“

„Sie meinen, ich sollte sie mir genauer anschauen.“

„Ich meine, Sie sollten in Erwägung ziehen, dass das hier ein Täuschungsmanöver ist.“

Fuchs schlug sich an die Stirn. „Natürlich ist es das.“

„Gut, dass Sie es einsehen.“

„Der oder die Täter haben gesucht und gefunden. Erst danach haben sie das Labor verwüstet, um ihre Spuren zu verwischen.“

„Ach!“ Fräulein Schädlich winkte ab. Sie zog ein Bündel Dietriche aus der Tasche und machte sich daran, die Türen zum Schreibtischschrank zu öffnen. Sie ging wesentlich professioneller vor als der Täter an der Eingangstür. Nach weniger als einer Minute stand die erste Tür offen.

„Alles voller Ordner“, stellte sie fest. „Ich brauche mal Ihre Hilfe, die zu sichten.“

Fuchs eilte zu ihr hinüber, gewissenhaft darauf achtend, nicht in die Glasscherben zu treten. Die Hauptwachtmeisterin reichte ihm mehrere Ordner hinauf, die er auf dem Schreibtisch stapelte. Anschließend nahm er den obersten wieder zur Hand und schlug ihn auf. Eine Weile blätterte er darin herum, dann legte er ihn zur Seite, griff nach dem nächsten und wiederholte die Prozedur. Beim vierten Ordner hielt er inne und vertiefte sich länger in die Aufzeichnungen. Schließlich legte er auch diesen Ordner zur Seite und tippte mit dem Finger darauf.

„Das müssen die Unterlagen sein, die man gesucht hat", sagte er. „Sie geben ziemlich klar darüber Aufschluss, wie es zur Bildung von freiem Æther kommt."

„Und warum liegen sie dann noch hier? Warum hat niemand auch nur versucht, dieses Fach zu öffnen?"

„Was weiß ich? Vielleicht wurden sie gestört."

„Fuchs, hören Sie sich selbst zu? Soweit man es feststellen konnte, ist der Mord mitten in der Nacht geschehen. Die Aufwartefrau kam in den Morgenstunden. Das heißt, diese Leute hätten zwischen fünf und acht Stunden hier im Labor verbracht, ohne den Schreibtisch auch nur anzurühren. Wenn Sie bei einem Wissenschaftler Unterlagen suchen, wo schauen Sie zuerst nach?"

„Im Schreibtisch", bekannte Fuchs. „Aber ich bin so etwas wie ein Fachmann. Diese Leute müssen Amateure gewesen sein. Denken Sie daran, wie sie an der Haustür vorgegangen sind."

„Und was wollen Amateure mit solchen Forschungsergebnissen? Irgendein Geheimdienst stellt gewiss keine Amateure ein." Die Hauptwachtmeisterin hockte bereits vor dem Schreibtischfach auf der anderen Seite und räumte seinen Inhalt nach oben auf die Platte.

„Hören Sie, Fräulein Schädlich ..."

„Wenn Sie weiter so stur sind, entziehe ich Ihnen dieses Privileg", unterbrach sie. Niemand aus dem Amt außer Fuchs durfte sie so anreden. Bei allen anderen legte sie Wert auf ihren Dienstgrad.

„Ich bin nicht stur. Ich verschließe nur meine Augen nicht vor dem, was ich sehe."

„Doch, genau das tun Sie, Herr Kommissar!"

„Hören Sie mir doch erst einmal zu, bitte." Frustriert raufte Fuchs sich die Haare.

„Also?"

„Es gibt eine Gruppierung von Leuten in unserem Land, die sich einschneidende Veränderungen wünschen. Vermutlich wollen sie sich des großen Zeitapparates des Amtes bemächtigen. Das sind aber keine Geheimdienstleute. Das sind Männer, die damit unzufrieden sind, wie der Æther die Welt verändert hat." Fuchs beugte sich näher zur Hauptwachtmeisterin als fürchte er, belauscht zu werden. „Sie wollen den Æther aus der Welt schaffen, verstehen Sie?"

„Ich kenne Ihre Theorie. Ich kenne Ihre Geschichte von der hohen Stimme, die Ihnen so etwas zugeraunt hat. Aber selbst, wenn all das wahr wäre, heißt es noch lange nicht, dass diese Verschwörer hinter jedem Verbrechen stecken, zu dem wir gerufen werden. Verstehen Sie das nicht?"

„Klar. Aber wäre es nicht ein großer Zufall, wenn ein Wissenschaftler, der sich mit den Ursprüngen des Æthers auseinandergesetzt hat, ermordet, sein Labor verwüstet wird und diese Gruppierung hätte nichts damit zu tun?"

„Wenn die es gewesen wären, hätten sie den Schreibtisch aufgestemmt und die Akten mitgehen lassen. Sonst wäre die ganze Aktion völlig sinnlos gewesen." Fräulein Schädlich verschränkte die Arme vor der Brust und funkelte Fuchs kampfeslustig an.

Fuchs wandte sich ab, starrte den Schreibtisch und den Berg an Unterlagen an, den er aufgestapelt hatte. Er schaute zu seiner Begleiterin zurück, wieder zum Schreibtisch. Dies wiederholte er zwei weitere Male.

„Also gut“, sagt er schließlich. „Was glauben Sie, ist passiert?“

„Jemand hat den Herrn Professor ermordet und anschließend das Labor verwüstet, um Verwirrung zu stiften“, antwortete die Hauptwachtmeisterin.

„Und wer?“

„Sie wissen, dass ich bei der Kriminalpolizei war, bevor ich zum Amt kam. Die erste Frage, die jeder angehende Kriminalist lernt, ist: Cui bono? In den meisten Fällen handelt es sich um eine Person aus dem unmittelbaren Umfeld des Opfers, dem ein Mord am meisten nützt. Einbrecher versuchen, ohne eine Leiche auszukommen, weil diese erstens die Polizei stärker in Bewegung setzt und zweitens das Strafmaß erhöht. Und, soweit uns gesagt wurde, sind keine Wertgegenstände verschwunden. Wir sollten also die Verwandten des Herrn Professor unter die Lupe nehmen. Vor allem diesen Neffen.“

„Gut, fahren wir zum Revier zurück und fragen Kern, wo dieser junge Mann wohnt.“ Fuchs zuckte mit den Schultern und sah noch einmal zum Schreibtisch hinüber. Offenbar fiel es ihm schwer, sich von den Unterlagen und den Geheimnissen, die sie womöglich bargen, zu lösen.

Inspektor Kern hatte in der Zwischenzeit den Neffen des Professors besucht.

„Dieser Karl Westinghusen ist ein windiger Geselle“, sagte er auf die Nachfrage der Ætherbeamten. „Wenn er kein Alibi hätte, säße er schon im Verhörraum. Wir haben ihn überprüft. Spielernatur. Stammgast in Bad Homburg.

Wir haben hin und wieder mit solchen Figuren zu tun. Manche schrecken vor nichts zurück. Die sind genauso schlimm wie Opiumraucher. Und er hat offen zugegeben, den Herrn Professor zu beerben."

Fräulein Schädlich nickte. „Ja, solche Kunden hatten wir auch. Aber er hat ein Alibi?"

„Er war mit der *Fortuna*, dem Casino-Luftschiff, unterwegs. Köln-Sylt und zurück. Wir haben es überprüft. Er hat ordnungsgemäß eingecheckt. Die *Fortuna* ist erst heute in den Morgenstunden aus Sylt zurückgekehrt."

„Er könnte auf einer Zwischenstation von Bord gegangen sein", wandte Fräulein Schädlich ein.

„Er gibt an, kurz vor Sylt krank geworden zu sein und seine Kabine bis zur Rückkunft nicht verlassen zu haben. Wir fanden das auch verdächtig. Wir werden das überprüfen und mit dem Kabinenpersonal sprechen, das ihn angeblich betreut hat. Leider dauert das etwas, da diese Leute teilweise schon wieder in der Luft sind. Wir bekommen eine Funkverbindung am morgigen Vormittag."

„Haben Sie etwas dagegen, wenn wir dennoch persönlich mit Karl Westinghusen reden?", fragte Fräulein Schädlich. Sie hatte Fuchs bei diesem Fall ganz eindeutig das Heft aus der Hand genommen.

„Nein, natürlich nicht." Kern schüttelte den Kopf.

„Kommen Sie, Herr Kommissar." Das Fräulein war schon unterwegs in Richtung Tür.

„War dieser Professor eigentlich wohlhabend?", fragte sie, als sie im Wagen saßen.

„Soweit ich weiß, hat er einige gut dotierte Preise bekommen und sein Salär an der Universität dürfte auch nicht klein gewesen sein", sagte Fuchs.

„Dann hätten wir ein Motiv. Spieler brauchen immer Geld."

„Der Mann hat ein Alibi. Schon vergessen?"

„Ein lausiges", sagte Fräulein Schädlich und fuhr an, dass es Fuchs den Atem nahm.

„Nicht, wenn man ihn bis zum Schluss an Bord gesehen hat", presste er zwischen den Zähnen hervor. Danach sagte er nichts mehr, sondern klammerte sich am Haltegriff über dem Seitenfenster fest. Das Fräulein schien der Meinung zu sein, sie müssten zu dem Verdächtigen fliegen.

Karl Westinghusen wohnte in einer einfachen, möblierten Etagenwohnung zur Miete. Er empfing die beiden Beamten in einem abgetragenen Hausanzug und Pantoffeln. Kohlgeruch zog vom Treppenhaus in den Flur, während sie noch vor der Tür standen und ihre Ausweise vorwiesen.

„Amt für Ætherangelegenheiten, Investigationsabteilung."

„Was wollen Sie von mir? Die Polizei war bereits da."

„Wir unterstützen die Kriminalbeamten bei ihrer Arbeit, wenn ein Fall in irgendeiner Weise mit Æther zu tun hat. Und Ihr Onkel gehörte zu den Koryphäen der Ætherforschung. Außerdem wurde sein Labor verwüstet." Fuchs drängte in die Wohnung hinein, Karl Westinghusen trat zur Seite.

„Also gut, kommen Sie herein in Gottes Namen." Er ließ die Beamten vorbei, schloss hinter ihnen die Tür und wies mit der Rechten den Flur entlang. „Das Wohnzimmer ist links – die letzte Tür."

„Ich weiß wirklich nicht, wie ich Ihnen weiterhelfen kann", ergänzte er, während er ihnen folgte.

Das Wohnzimmer erwies sich als klein und sparsam eingerichtet. Jegliche Form von Luxus fehlte. Um einen runden Tisch in der Mitte des Raumes standen vier Stühle. Rechterhand stand ein Bücherschrank, der beinahe bis zur Decke reichte, daneben ein Sideboard, in dem sich hinter einem Glaseinsatz sechs Weingläser fanden. Eine Vase auf dem Board stellte den einzigen Zierrat im Raum dar.

„Setzen Sie sich", sagte Westinghusen. „Kann ich Ihnen etwas anbieten? Kaffee, Tee, ein Bier?"

„Nein, danke." Schädlich und Fuchs nahmen Platz. Sie setzten sich so, dass der Hausherr in Richtung Fenster blickte, die sich der Tür gegenüber befanden. Die Gardinen davor konnten eine Wäsche gut gebrauchen.

Fuchs sah sich weiter um. An der Wand dem Schrank gegenüber stand eine braune Couch, daneben ein Zeitungsständer. Ein Werbeprospekt darin fiel ihm auf. Er beugte sich vor, um das Papier genauer in Augenschein zu nehmen. Ein Unternehmen warb für ætherbetriebene Roboter.

Als Karl Westinghusen sich setzte, richtete er sich wieder auf, nickte und sagte: „Nett leben Sie hier."

Der Neffe des Professors brach in lautes Gelächter aus, wobei er den Mund so weit aufriss, dass man ein paar Lücken in den Backenzähnen sehen konnte. „In Saus und Braus", stieß er hervor.

„Aber dennoch konnten Sie sich eine Reise auf der *Fortuna* leisten", stellte Fräulein Schädlich fest.

„Ich habe gespart. Ich lebe bewusst sparsam, damit ich mir hin und wieder etwas gönnen kann."

„Wie einen Besuch in Bad Homburg", ergänzte Fuchs.

„Ja, das auch." Westinghusen lehnte sich vor und legte seine Arme auf den Tisch. „Sehen Sie, ich arbeite hart dafür, hin und wieder etwas Spaß haben zu können."

„Was arbeiten Sie?"

„Ich berate Menschen, die Geld anlegen möchten."

„Sie arbeiten bei einer Bank?", fragte Fuchs.

„Nein, ich bin selbständig. Ich möchte nicht unter der Knute eines anderen leben."

„Sie wirken nicht sehr betroffen vom Tod ihres Onkels", sagte Fräulein Schädlich.

Westinghusen wandte ihr das Gesicht zu. „Ich will ehrlich sein", sagte er. „Mein Onkel war ein Narr und ein Geizkragen obendrein. Ich habe ihn mehr als einmal um mehr Unterstützung gebeten. Er hat sie mir wieder und wieder verweigert. Er hat, wenn er überhaupt Geld ausgegeben hat, dieses in seine Forschung gesteckt."

„Wie kommt es, dass Sie sein Erbe sein werden und nicht ihre Eltern?"

„Er hat seinen Bruder enterbt, als dieser beschloss, nach Übersee zu gehen. Meine Eltern betreiben dort eine Farm. Mein Onkel bezeichnete das als Verrat am Vaterland. Wissen Sie, er war ein brillanter Kopf, aber er war kein guter Mensch."

„Warum sind Sie nicht in Übersee?"

„Was soll ich dort? Farmarbeit liegt mir nicht – früh am Morgen mit den Hühnern aufstehen und Mist schaufeln. Darauf verzichte ich gern."

„Als der Mord an Ihrem Onkel geschah, waren Sie an Bord der *Fortuna*, richtig?" Fuchs lächelte sein Gegenüber gewinnend an.

„Ja. Das habe ich alles schon der Polizei erzählt."

„Haben Sie gewonnen?"

„Was geht Sie das an?"

„Nichts. Ich bin nur von Berufs wegen neugierig. Sie waren eine Zeit lang krank, stimmt das?"

„Ja. Kurz vor Sylt ist mein Kreislauf zusammengebrochen. Der Arzt an Bord hat aber nichts gefunden. Quacksalber!" Westinghusen lehnte sich wieder zurück und verschränkte die Arme vor der Brust. „Jedenfalls bin ich danach auf meiner Kabine geblieben. Ein Abend am Pokertisch ist nichts für einen angeschlagenen Kreislauf."

„Sie werden sich ein geruhsameres Hobby suchen müssen", sagte Fuchs.

„Sieht so aus", erwiderte Westinghusen. „Ist doch paradox, nicht wahr? Gerade jetzt, wenn mir ein bisschen Geld zufällt, kann ich nicht mehr spielen."

„Da bleibt Ihnen das Geld länger erhalten", sagte Fräulein Schädlich. Sie erhob sich. Auch Fuchs stand auf. „Wenn wir weitere Fragen haben, werden wir uns noch einmal an Sie wenden", erklärte die Hauptwachtmeisterin. „Ach, verzeihen Sie. Könnte ich kurz Ihre Toilette benutzen?"

Westinghusen lächelte charmant. „Aber natürlich. Gleich gegenüber." Er deutete zur Zimmertür hin.

Zehn Minuten später standen Fuchs und Schädlich auf der Straße und sahen sich über das Dach des Wagens hinweg an. „Was halten Sie von dem?", fragte die Hauptwachtmeisterin.

„Windig ist gar kein Ausdruck", antwortete Fuchs. „Wie kann man sich von so einem Typen in Finanzdingen beraten lassen? Dem würde ich nicht einmal die Uhrzeit glauben."

„Ganz meine Meinung."

„Aber er hat ein Alibi."

„Und das hier im Bad." Schädlich hielt ihm ein schlankes Glasröhrchen unter die Nase, auf dem ein schmaler Papierstreifen klebte.

Fuchs sah seine Begleiterin erstaunt an. „Sie haben im Bad rumgeschnüffelt?"

„Darum nennt man Polizisten auch Schnüffler", erwiderte Fräulein Schädlich und lächelte. „Der Herr hatte drei Ampullen Amylnitrit dort liegen." Sie drehte die Glasröhre so, dass Fuchs die Beschriftung auf dem Zettel lesen konnte. Es handelte sich um die Adresse einer Apotheke und die Bezeichnung des Arzneimittels.

„Nun, es gibt Männer, die diese Substanz benutzen, um ... äh ..." Fuchs wusste nicht, wie er der jungen Frau erklären sollte, dass das Arzneimittel auch von Homosexuellen eingesetzt wurde, um den Analverkehr vorzubereiten.

„Vergessen Sie nie, womit ich mich beschäftigt habe, bevor ich zum Amt kam. Und ich gehöre nicht zu denen, die jemanden wegen seiner Vorlieben verurteilen. Sonst wäre ich beim Amt falsch. Aber Sie wissen hoffentlich auch, wie dieses Zeug wirkt."

„Es führt zu Blutdruckabfall."

„Sehen Sie, Fuchs? Da brauen sich dunkle Wolken über dem feinen Herrn zusammen."

Fuchs nickte. „Aber wir wissen noch immer nicht, wie er gleichzeitig auf der *Fortuna* sein konnte. Wobei ..."

„Was?"

„Ich muss das erst noch überprüfen", erwiderte Fuchs und stieg ins Auto. „Fahren wir zum Hotel. Heute erfahren wir eh nichts Neues. Wenn wir mit den Leuten dort an Bord gesprochen haben, wissen wir mehr."

Am nächsten Tag saßen Fuchs und Schädlich pünktlich an der Seite von Inspektor Kern in dessen Büro und beugten sich über die Ætherfunkanlage, die dieser mitten auf dem Tisch aufgebaut hatte. Rauschen und Knistern drang aus dem Lautsprecher. Kern drehte an den beiden Knöpfen auf der Vorderseite des Apparates und versuchte immer wieder, eine Verbindung bestätigt zu bekommen, indem er lauthals in ein Mikrofon schrie: „Hier Inspektor Kern von der Kriminalabteilung Frankfurt am Main. *Fortuna,* hören Sie mich?"

Schließlich meldete sich eine Stimme durch das Knistern. „Wir hören Sie ganz ausgezeichnet, sprechen Sie bitte normal."

„Hallo *Fortuna*", rief Kern und stellte anschließend die beiden Ætherbeamten vor. „Sie wissen, warum wir mit Ihnen sprechen möchten?"

„Ja." – Knack. Brumm. – „Funkoffizier Dresen hier. Neben mir steht der Kabinensteward des Hauptdecks, Herr Franz Ohlsen. Er hat Herrn Westinghusen während seiner Krankheit in der Kabine betreut."

„Gut", sagte Kern. „Die Dame und der Herr vom Amt haben einige Fragen an Herrn Ohlsen." Er deutete von Fräulein Schädlich zum Mikrofon, um anzudeuten, dass diese jetzt sprechen dürfe.

„Hallo Herr Ohlsen", hob sie an. „Sie haben von Sylt an Herrn Westinghusen betreut. Wie müssen wir uns das vorstellen?"

Wieder brummte und schepperte es in den Lautsprechern, dann erklang eine Stimme so klar und deutlich, als stehe ihr Sprecher mit ihnen im Büro des Inspektors: „Ich brachte dem Herrn seine Mahlzeiten, außerdem musste ich, wenn er läutete, nachsehen, welche Wünsche er hatte. Aber die hielten sich zum Glück in Grenzen. Nur hin und wieder hat er Getränke bestellt."

„Alkohol?"

„Meistens nur Wasser. Der Herr war tatsächlich recht leidend. Er lag immer im Bett, wenn ich kam, die Decke bis zum Kinn hinaufgezogen."

„Ist es möglich, dass es sich um jemand anderen gehandelt hat? Ich meine, kannten Sie Herrn Westinghusen schon vor seiner Krankheit?", fragte die Hauptwachtmeisterin.

„Ja. Natürlich. Seine Kabine gehörte vom Tag seiner Einschiffung an zu meinem Revier. Ich habe bereits seine Koffer an Bord gebracht."

„Viele Koffer?" Fuchs wirkte sehr interessiert.

„Nun, die Herrschaften reisen immer mit viel Gepäck, allerdings ..."

„Ja?", drängte Fuchs.

„Nun, Herren sind zumeist sparsamer bei der Garderobe. Nicht so viele Schuhe und Hüte, verstehen Sie." Der Gesprächspartner räusperte sich.

„Ja", sagte Fuchs. „Aber dieser Herr hatte viel Gepäck, richtig?"

„Stimmt. Aber er wird es am Ende kaum genutzt haben. Lag immer nur im Bett. Er sah auch ziemlich blass aus. Muss wirklich arg gewesen sein. Ich habe zu meinen Kollegen immer gesagt, dass es ärgerlich sein muss, wenn man viel Geld für so eine Reise ausgibt und dann nicht aus der Kabine rauskommt. Viel gegessen hat er auch nicht. Da blieb immer wenigstens die Hälfte übrig. Hat gesagt, ich könne mir ruhig etwas davon nehmen. Manche Sachen rührte er überhaupt nicht an."

„Aber es war mit Sicherheit Herr Westinghusen?“, bohrte Fräulein Schädlich nach.

„Ja, der war es. Da bin ich ganz sicher.“

Fuchs und Schädlich sahen sich an. Das Fräulein zuckte ein wenig hilflos mit den Schultern, Fuchs dagegen lächelte und es wirkte siegesgewiss. Er nickte seiner Partnerin zu. „Wir sind fertig, denke ich“, sagte er anschließend zu Kern.

„Freuen Sie sich, dass auch meine Theorie sich als falsch erwiesen hat?“, fragte die Hauptwachtmeisterin, nachdem das Gespräch mit der *Fortuna* beendet war.

„Sie irren sich in doppelter Hinsicht. Erstens war Ihre Theorie nicht falsch und zweitens wäre dies für mich kein Grund zur Freude.“

„Aber …“ Die Hauptwachtmeisterin wusste nicht weiter.

„Kommen Sie, wir fahren noch einmal zu diesem sauberen Herrn.“ Fuchs winkte ihr, ihm zu folgen. Er wirkte wie ein kleiner Junge, der am Weihnachtsabend in das geschmückte Wohnzimmer lugt.

„Hat er was genommen?“, fragte Kern Fräulein Schädlich, als der Kommissar bereits auf den Gang getreten war.

„Das will ich nicht hoffen“, lautete die Antwort.

Karl Westinghusen war offensichtlich sehr überrascht, die beiden Ætherbeamten so schnell wieder in seiner Wohnung begrüßen zu müssen. Er schaute tatsächlich so, als könne er sich niemanden vorstellen, den er weniger gern in seinen vier Wände sähe.

„Was wollen Sie denn noch?“, fragte er statt einer Begrüßung, als er die Wohnungstür öffnete und ihrer ansichtig wurde.

„Es gibt da noch ein oder zwei Unklarheiten hinsichtlich Ihres Aufenthaltes auf der *Fortuna*“, sagte Fuchs und drängte bereits in den Flur.

„Haben Sie denn keine Erkundigungen einholen können? Man muss Ihnen doch gesagt haben, dass ich die ganze Zeit an Bord war.“

„Ja, durchaus. Wir haben dennoch Fragen.“ Fuchs eilte ins Wohnzimmer und warf sich auf die Couch in der Nähe des Zeitungsständers. Westinghusen, der von Fräulein Schädlich gefolgt durch die Tür trat, erbleichte, als er sah, wonach der Ætherbeamte langte.

„Heute würde ich gern einen Kaffee nehmen“, sagte Fuchs. Er deutete auf den Prospekt in seiner Hand. „Ich lese inzwischen ein wenig.“

„Was erlauben Sie sich?“, tobte Westinghusen los. „Wie können Sie es wagen, hier so einfach hereinzuplatzen und in meinen privaten Sachen zu wühlen?“

„Ich habe nicht gewühlt, mein Herr, ich habe einfach nach dem gegriffen, was mir als erstes in die Hände kam.“ Er hielt sich das Blatt kurz vor das Gesicht. „Interessante Lektüre.“ Dann wedelte er damit in Richtung seiner Partnerin. „Wollen Sie auch mal einen Blick darauf werfen? Die neusten Modelle von Kleinschmid & Partner.“

„Nie gehört“, sagte Fräulein Schädlich, griff aber dennoch nach dem Blatt. Während sie es betrachtete, wurden ihre Augen groß. Zweimal sagte sie laut und vernehmlich „Aha!“ Schließlich blickte sie auf und sah ihren Gastgeber an.

„Ich habe ja schon davon gehört, dass Verbrecher immer einen Fehler begehen, aber dieses Papier zuoberst in ihren Zeitungsständer zu legen, gehört zu den dümmsten, von denen ich je gehört habe.“ Sie wedelte mit dem Prospekt vor Westinghusens Nase herum. „Sie haben sich also so einen mechanischen Doppelgänger besorgt, ja?“

„Ich sage nichts mehr ohne einen Anwalt“, insistierte Westinghusen.

„Gut. Kommen Sie mit.“ Fräulein Schädlich packte ihn am Arm.

„Also keine Verschwörung, um den Æther aus der Welt zu tilgen“, sagte Fräulein Schädlich auf der Fahrt zurück nach Baden-Baden.

„Nein, einfach nur pure Gier. Er muss die Sache ziemlich langfristig geplant haben. Es ist nicht einfach, die Automaten von Kleinschmid und Partner zu kontrollieren. Wahrscheinlich hätte der werte Herr genauso viel Geld verdienen können, wenn er seine Fähigkeiten dieser Firma zur Verfügung gestellt hätte. Die Doppelgänger-Linie ist ganz neu. Das Amt muss dafür sorgen, dass sie wieder eingestellt wird, sonst wird dem Verbrechen Tür und Tor geöffnet. Wer, außer Gaunern, braucht Automaten, die aussehen wie eine bestimmte Person?“

„Beamte, die dringend Urlaub brauchen und die ihr Chef nicht fortlässt“, sagte Fräulein Schädlich.

„Reden Sie von sich?“

„Nein, nur so ganz allgemein.“ Die Hauptwachtmeisterin legte die Hände fester ums Steuer und trat das Gaspedal durch. Fuchs wünschte, sein automatischer Doppelgänger säße im Wagen.

Wolfstraum

Einem Tag voller Hitze und einem Abend mit drohenden Wolken, die vom Horizont aus heranzogen, folgte eine stürmische Nacht. Regen prasselte auf das Dach, Blitze erhellten hin und wieder die Szenerie und warfen die Schatten der nahen Bäume als unheimliche Gestalten in den Raum. Wenn man in alten Zeiten davon sprach, in solchen Nächten würden die Legenden lebendig, so meinte man das im übertragenen Sinne, doch seit dem Beginn des Jahrhunderts, seit der Æther auf der Welt herrschte, beschrieb ein solcher Satz einfach eine Tatsache.

Darum stand die Witwe Olsen mit bangem Herzen in ihrer Küche und lauschte dem Wind, der an den Fensterläden rüttelte. Seit ihr Mann in seinem Grab lag und beide Söhne in die große Stadt gezogen waren, um nicht mehr das karge Leben hier oben im Schwarzwald führen zu müssen, wohnte sie allein in diesem Haus am Hang und bewirtschaftete den Acker und den Garten. Hin und wieder half ihr jemand bei den schwersten Arbeiten, den sie dann mit Kartoffeln oder einer Speckseite entlohnte.

Ein weiterer Blitz zuckte durch die Dunkelheit, Donner grollte und die drei Schweine im Stall quiekten ängstlich. Etwas schlug gegen die Tür zum Haus.

Nur der Wind, nur der Wind, sagte sich die Frau und schlurfte aus der Küche, um den Riegel zu überprüfen. Sicher ist sicher. Es gab heuer genügend Seltsamkeiten. Lebte nicht unweit ein Rudel dieser Wolfsleute in einer eigenen Siedlung? Aber bisher waren diese stets friedfertig gewesen und hatten sich um ihre eigenen Angelegenheiten gekümmert. Hin und wieder sah man sie durch den Wald streifen, wohl auf der Jagd nach einem Reh oder Wildschwein. Aber sie vergriffen sich nicht an Menschen, wie einige Männer in den Kneipen nicht müde wurden zu behaupten.

Etwas klirrte. Frau Olsen schaute zum Fenster hinüber. Wind bauschte die Gardine ins Zimmer hinein. Die Scheibe musste zu Bruch gegangen sein. Dafür kam allerdings der Wind allein nicht in Frage. Frau Olsen öffnete eine Schublade und griff nach dem größten Messer, das sie im Hause hatte.

So bewaffnet, trat sie vor das Fenster und starrte nach draußen. Aber dort herrschte stygische Finsternis.

„Wer da?", rief sie laut.

Ein dunkles Grollen antwortete ihr, das eindeutig nicht aus einer menschlichen Kehle stammte. Gänsehaut überzog die Arme der alten Frau. Eine uralte Stimme aus ihrem Inneren, die frühe Menschen vor den Räubern des Waldes gewarnt hatte, übernahm die Kontrolle. Frau Olsen rannte aus der Küche und zur Treppe.

Während sie nach oben lief, hörte sie erneut etwas schwer gegen die Tür krachen. Es klang gerade so, als versuche jemand, mit einem Rammbock Eingang zu erzwingen.

Sie erreichte ihre Kammer, verriegelte die Tür und sank zitternd auf das Bett. Sie schlang die Arme um ihren sehnigen Leib. Deutlich hörte sie das Wolfsgeheul vor der Tür und dann wieder einen Schlag.

Sie stand auf und packte das Messer fester. Wenn eine dieser Bestien hier eindringen und sie überfallen würde, käme diese auch nicht mit heilem Pelz davon. Dafür wollte sie schon sorgen. Eine Olsen nahm die Dinge, wie sie kamen, und verkroch sich nicht. Sie ging zur Kammertür zurück, öffnete sie und trat auf den oberen Flur.

Holz splitterte. Brüllen antwortete, ehe weiteres Splittern folgte. Jemand kam durch die verschlossene Vordertür.

Jemand, der stark und offensichtlich böse war. Der Teufel möge sich dieser Gestalt annehmen.

Sie hatte nie denen geglaubt, die Hass predigten. In ihren Augen war jedes Geschöpf Gottes Werk und als solches wertzuschätzen. Aber diesmal schien es, als habe der Herr der Unterwelt einen Boten gesandt.

Die Witwe Olsen sah den gewaltigen Wolfsmann auf sich zu stürmen, sah die geifernden Fangzähne, die glühenden Augen, die haarigen Pranken. Dann wurde sie gepackt.

Sie stieß dem Angreifer das Messer in die Flanke. Einmal, zweimal, dann zerfetzte ihr dieser mit einem Biss die Kehle. Blut lief in sein Maul, über den grau behaarten Körper, Blut der Witwe Olsen und auch sein eigenes aus den beiden Wunden, die das Messer geschlagen hatte.

Der Wolfsmann ließ die Leiche der Frau zu Boden stürzen. Er stand über dem toten Körper, blickte zur Decke, zurück zur Treppe und den Gang entlang zum Fenster. Es wirkte, als überlege er, was er als nächstes tun solle. Schließlich hatte er sich entschieden. Er ließ sich in die Hocke sinken und weinte bitterlich.

Kommissar Fuchs, seines Zeichens Beamter der Investigationsabteilung des Amtes für Ætherangelegenheiten, saß an seinem Schreibtisch und schrieb einen Bericht. Eine Gruppe Veränderter wollte sich auf dem Merkur, dem Hausberg von Baden-Baden, niederlassen. Der Inhaber der Standseilbahn und des Berggasthofes hatte dagegen geklagt. Er fürchtete um seine Einnahmen, wenn sich Tiermenschen in der Nähe ansiedelten.

Dabei wollten diese keineswegs in direkter Nachbarschaft zum Gasthaus einen Platz, sondern am Binsenwasen etwas unterhalb des Gipfels. Die freie Fläche lag als Sattel zwischen mehreren Erhebungen in der Nähe Baden-Badens. Niemand wohnte dort, niemand würde sich belästigt fühlen.

Aber die braven Bürger der Stadt waren noch immer in der Mehrzahl der Überzeugung, mit Veränderten könne irgendetwas nicht stimmen. Es müsse ja einen Grund geben, warum jemandem plötzlich ein Schnabel, Flügel, ein Geweih, Reißzähne oder Flossen wachse. Und bei diesem Grund musste es sich um sündigen Lebenswandel handeln. Das Wort *borniert* klang viel zu seicht für diese Art zu denken. Es ließ an *Born* denken, an eine lebendige, geschwätzig sprudelnde Quelle. Dabei handelte es sich um einen Quell des Hasses und der Gewalt.

Fuchs strich den letzten Satz, den er geschrieben hatte. Es brachte nichts, wenn er den Seilbahnbesitzer einen hirnlosen Holzkopf nannte, auch wenn es eine hübsche Alliteration war, die sogar zutraf.

Amtsrat Gerber trat ein, in seinem Schlepptau befand sich die Hauptwachtmeisterin Schädlich. Sie trug eine neue Frisur. Zu Fuchs' Bedauern waren die langen, blonden Haare einem modischen Pagenkopf gewichen. Er benötigte ein paar Sekunden, um sich von diesem Schock zu erholen, während derer er den Ausführungen seines Vorgesetzten keine Beachtung schenkte.

„... deshalb dort hoch", beendete dieser gerade einen Satz, der wohl eine Anweisung gewesen sein sollte.

„Wie bitte?"

„Fuchs, träumen Sie mit offenen Augen?"

„Nein, ich war mit meinen Gedanken noch bei dem Bericht zur Verändertensiedlung am Merkur", log Fuchs.

„Den können Sie vergessen“, knurrte Gerber. „Die aktuellen Ereignisse lassen eine derartige Kommune nicht zu.“

„Aber …“, setzte Fuchs an.

„Haben Sie denn gar nichts mitbekommen?“, schnitt der Amtsrat ihm das Wort ab. „Es gab einen Wolfsmenschenübergriff. Eine Einsiedelei bei Staufenberg wurde überfallen. Es gibt eine Tote. Der Wolfsmann wurde am Tatort aufgegriffen. Man erwartet von uns, dass wir mit ihm reden. Alles höchst unerfreulich. Wird die Ressentiments gegen Veränderte wieder aufflammen lassen.“ Gerber massierte mit der Linken seinen Nacken. „Verdammt unangenehm das Ganze. Morgen werden wieder Leute vor dem Amt herumlaufen und eine Internierung der Veränderten verlangen. Sprechen Sie mit diesem Wolfsmann. Man hat ihn nach Gaggenau gebracht.“

„Wer hat den Zwischenfall gemeldet?“

„Ein Einheimischer, der sich bei der Toten, einer Frau Olsen, regelmäßig mit Speckseiten versorgte, hat die Polizei verständigt. Mehr erfahren Sie sicher in Gaggenau. Fahren Sie gleich los. Nehmen Sie die Hauptwachtmeisterin mit.“ Gerber wandte sich um und verließ den Raum.

Fuchs erhob sich. „Wolfsleute sind nicht immer einfach“, sagte er. „Aber einen Toten durch sie hatten wir lange nicht mehr.“

Fräulein Schädlich klopfte mit den Fingerspitzen von unten gegen ihren Pagenkopf. „Wie gefällt Ihnen meine neue Frisur?“

„Nun, sie ist sehr modisch“, sagte Fuchs ausweichend.

Die Hauptwachtmeisterin seufzte. „Also nicht …“

„Wir haben im Augenblick andere Sorgen.“

„Sie haben recht, Herr Kommissar. Fahren wir nach Gaggenau. Ein Wolfsmann kann auch nicht uncharmanter sein als Herren im Amt. Wissen Sie wie Gerber reagiert hat? - Wie sehen Sie denn aus?, hat er gefragt, als wären mir Schuppen gewachsen.“ Sie ging zur Tür, öffnete diese und ließ Fuchs vorbei. „Sie hätten wenigsten so tun können, als gefiele es Ihnen.“

„Bin ich so leicht zu durchschauen?“, fragte Fuchs, als sie in Richtung Auto gingen.

„Hin und wieder“, erwiderte das Fräulein. Sie sah ihren Partner mit schiefem Grinsen von der Seite an. „Aber wenn Sie mit den Delinquenten reden, wirken Sie viel überzeugender.“

Sie stiegen in den Wagen und fuhren in Richtung Schwarzwald hinaus. Wie immer hielt Fuchs sich mit der Rechten am Griff über dem Seitenfenster fest, als fürchte er, in der ersten Kurve hinausgeschleudert zu werden, dabei fuhr das Fräulein an diesem Tag besonders besonnen. Immer wieder warf sie einen Blick in den Rückspiegel. Offenbar war sie sich längst nicht mehr so sicher, hinsichtlich ihrer Haarpracht eine richtige Entscheidung getroffen zu haben.

„Haare wachsen wieder“, seufzte sie in einer Kehre und gab Gas. Ihrem Begleiter traten die Augen aus den Höhlen.

Sie erreichten die Polizeiwache von Gaggenau und wurden nach Vorweisen ihrer Ausweise zu einem Inspektor Wiktschitsch geführt, der sie mit verkniffenem Gesichtsausdruck begrüßte.

„Die Presse war bereits da“, sagte er. „Reiben sich die Hände, die Herren. Ich werde den Gefangenen heute nach Karlsruhe überführen lassen. Morgen stürmen mir die Leute die Wache, wenn dieser Wolf noch hier ist.“

„Hat der Mann sich bereits zu den Vorwürfen geäußert?“, fragte Fuchs, die menschliche Anrede betonend.

„Nein, er behauptet, sich an nichts zu erinnern. Als man ihn hier anschleppte, war er ein einziges heulendes Elend." Der Inspektor zuckte die Achseln. „Aber das sind wir von menschlichen Übeltätern auch gewöhnt. Wenn sie erst hinter Gittern sitzen, sind sie allesamt unschuldige Lämmchen."

„Ich würde jetzt gern mit dem Mann reden", sagte Fuchs. „Wie heißt er übrigens?"

„Nennt sich Artur, der Bissige. Nicht gerade ein Name, der Vertrauen einflößt."

„Nein, wirklich nicht", sagte die Hauptwachtmeisterin. „Möchte mal wissen, warum sich die Wolfsmenschen so brachiale Pseudonyme zulegen."

„Weil es ihre Position im Rudel stärkt", erklärte Fuchs.

„Na, dann kommen Sie mal mit", sagte Wiktschitsch, erhob sich, öffnete ein Schubfach seines Schreibtisches und nahm einen Schlüsselbund heraus.

Sie gingen den Gang entlang und betraten an dessen hinterstem Ende einen Raum. Dort stand ein Tisch mit einem Stuhl auf der einen und zweien auf der anderen Seite. Eine weitere Tür befand sich in einer entfernten Ecke des ansonsten bis auf ein Sprachrohr kahlen Zimmers. Der Inspektor trat an das Sprachrohr heran und rief: „Führen Sie den Gefangenen Artur, der Bissige, vor."

Anschließend deutete er auf die Stühle auf der einen Tischseite. „Setzen Sie sich. Es dauert einen Moment. Wir haben für den Wolf schärfste Sicherheitsmaßnahmen durchzusetzen."

„Es ist ein Mensch", sagte Fuchs tonlos. „Auch wenn er verändert ist."

„Er hat getötet", erwiderte Wiktschitsch. „Strenge Sicherheitsmaßnahmen gelten für alle Mordverdächtigen.

Und er bestreitet die Tat nicht. Er sagt nur, er erinnere sich nicht an sie."

Der Wolfsmann, der wenig später an Händen und Füßen gefesselt von zwei Polizisten in den Raum geführt wurde, wirkte trotz des beeindruckenden Gebisses in der übergroßen Wolfsschnauze verängstigt. Fuchs, der bereits mit einigen Wolfsleuten zu tun gehabt hatte, schätzte ihn auf Anfang zwanzig. Das Fell auf Kopf und Armen war braun-grau und dicht, die Augen klar, die Nase feucht und glänzend.

Wolfsleute wurden selten älter als Vierzig. Der tierische Anteil ihres Körpers forderte seinen Tribut. Von allen Veränderten galten sie als die wildeste Spezies. In den ersten Jahren des Jahrhunderts hatte es mehrfach Übergriffe durch sie auf Menschen oder andere Veränderte gegeben. Erst als man ihr Naturell, ihren natürlichen Drang nach Freiheit besser verstand, beruhigte sich das Verhältnis zu ihnen. Die Pioniere des Amtes trugen daran einen entscheidenden Anteil. Gerade bei Wolfsleuten war es wichtig, ihre Sicht auf die Dinge zu kennen. Heute lebten die meisten von ihnen in kleinen Rudeln außerhalb der Städte und kümmerten sich um ihre eigenen Angelegenheiten. Den letzten tödlichen Zusammenstoß hatte es vor zehn Jahren gegeben. Und damals war der Unveränderte letztendlich schuld an dem Vorfall gewesen.

Die Wachen drückten den Wolfsmann auf den Stuhl. Mit gesenktem Kopf saß er vor den Beamten. Ein leises Knurren entrang sich seiner Kehle. Es klang jedoch eher gequält als bedrohlich.

„Guten Tag", sagte Kommissar Fuchs freundlich. „Mein Name ist Fuchs und neben mir sitzt meine Kollegin Schädlich. Wir arbeiten für das Amt für Ætherangelegenheiten.

Sie wissen, dass wir uns um die Belange von Veränderten kümmern. Erzählen Sie mir, was passiert ist."

„Aber das weiß ich doch nicht", heulte der Wolfsmann.

„Dann erzählen Sie mir, was Sie wissen", sagte Fuchs nur.

„Ich weiß, ich stand plötzlich in diesem Haus. Vor mir lag die Frau mit zerfetzter Kehle." Der Wolfsmann blickte zur Seite. Er wollte den Beamten bei dieser Konfession offenbar nicht ins Gesicht sehen müssen. „Ich habe Rehe und Wildschweine gerissen. Ich weiß, was meine Zähne anrichten." Eben jene Zähne vollführten mahlende Bewegungen im Mund des Wolfsmannes, als wolle er seine Worte zerkauen, ehe sie ihm entschlüpften.

„Sie haben diese Frau getötet?"

„Muss ich wohl. Niemand sonst war dort. Später sah ich im Spiegel Blut um mein Maul." Der Veränderte reckte den Kopf in den Nacken und heulte nun tatsächlich wie ein Wolf. Dann blickte er Fuchs an. „Ich bin nicht verändert. Ich bin tatsächlich verdorben. Sie wissen, was man mit tollen Hunden macht."

„Wieso halten Sie sich für toll?", fragte die Hauptwachtmeisterin.

„Ich weiß nicht, wie ich in dieses Haus kam. Ich weiß nicht, warum ich diese Frau getötet habe. Über allem liegt ein roter Nebel. Das muss doch Tollheit sein."

„Aber es muss ein Davor geben", sagte Fuchs. „Was ist das Letzte, woran Sie sich erinnern, bevor sie in diesem Haus zu sich kamen?"

„Ich war im Wald unterwegs. Oben am Merkur. Es gibt dort eine Wiese. Dort äsen in den Abendstunden Rehe."

„Sie meinen den Binsenwasen", sagte Fuchs.

„Weiß nicht, wie das heißt. Ich habe einen Schlag gespürt."

„Gegen den Kopf?", wollte Fräulein Schädlich wissen.

„Nein, am Hinterteil."

„Und dann?", fragte Fuchs.

„Nichts mehr. Nur rot. Alles ist rot." Wieder heulte der Wolfsmann auf. Der Klang einer zutiefst gepeinigten Seele entrang sich seiner Kehle. „Oh!", stieß er schließlich hervor. „Es kommt zurück!"

„Was?" Fuchs klang alarmiert.

„Das Rot!" Die Augen des Wolfsmannes weiteten sich. Er knurrte, aber jetzt klang es keineswegs gequält, sondern bedrohlich. Das Maul öffnete sich, die Nasenflügel blähten sich.

Fuchs und Schädlich sprangen gleichzeitig mit dem Wolfsmann von ihren Stühlen auf. Von hinten stürzten die Wachen heran und warfen sich auf den Delinquenten, der den Tisch vor sich umwarf. Inspektor Wiktschitsch zog seine Ætherwaffe und feuerte auf den angreifenden Wolfsmann.

„So viel zur Friedfertigkeit dieser Leute", sagte er, als der Veränderte wie ein gefällter Baum zu Boden ging.

„Da stimmt etwas nicht", sagte Fuchs zu niemand bestimmtem. Dann wandte er sich an den Inspektor. „Ich möchte den Gefangenen zum *Adlerhorst* bringen."

„Er ist gefährlich. Das haben Sie selbst gerade erlebt."

„Zeitweise", erwiderte Fuchs. „Genau deshalb will ich, dass er gründlich von Kopf bis Fuß von Experten des Amtes untersucht wird."

„Ich weiß nicht, ob ich das ..."

„Muss ich erst eine offizielle Anordnung besorgen?“ Fuchs kehrte den Beamten mit vom Kaiser bestätigten Befugnissen heraus. Er war nicht stolz darauf, aber hin und wieder erwies es sich als notwendig.

„Sie können ja richtig streng sein“, raunte die Hauptwachtmeisterin, als sie wenig später draußen standen und auf die Übergabe des Delinquenten warteten.

Dieser wurde ihnen wie ein Postpaket verschnürt übergeben. Um seinen Körper waren die Ärmel einer stabilen Leinenjacke geschlungen und auf dem Rücken mit Lederriemen verschnürt. Seine Beine steckten in Fußfesseln, die ihm lediglich erlaubten, einen Fußbreit vor den anderen zu setzen. Seine Wolfsschnauze steckte in einem ledernen Maulkorb, der ebenfalls hinter dem Kopf verschnürt war. Den Gefangenen begleitete ein Polizeibeamter, der eine Ætherwaffe in der Hand hielt, ganz offensichtlich bereit diese einzusetzen, wenn der Wolfsmann auch nur falsch mit einer Wimper zuckte. Und Fuchs war nicht sicher, dass diese nur auf Betäubung eingestellt war. Vielleicht käme es den Beamten hier sogar gelegen, wenn dieser spezielle Gefangene auf der vermeintlichen Flucht erschossen werden würde.

Fräulein Schädlich öffnete den Fond. Der Polizist winkte mit der Waffe dem Wolfsmann, dieser solle sich setzen. Er nahm neben ihm Platz. Fuchs sah, wie sofort die Waffe sofort wieder in Anschlag nahm und auf seinen Gefangenen richtete. Er selbst nahm wie immer auf dem Beifahrersitz Platz. Schließlich stieg auch die Hauptwachtmeisterin ein und die Fahrt begann.

Sie erreichten den *Adlerhorst* etwa zwanzig Minuten später. Während all dieser Zeit hatte der Wolfsmann keinen Laut von sich gegeben. Auch sein Bewacher war schweigsam gewesen. Ganz zu Beginn der Fahrt hatte er kurz mit

Fräulein Schädlich über den Antrieb des Autos diskutiert, dies aber schnell aufgegeben, als ihm klar wurde, dass die Dame einen Motor zur Not auch auseinandernehmen und wieder zusammensetzen konnte, wenn es darauf ankäme. Da konnte er mit seinem Halbwissen nicht punkten.

Streng bewacht wurde der Gefangene in einen Labortrakt geführt, in dem allerlei Apparate zur Analyse von Æther und mit Æther verbundenen Substanzen standen. Ein Mann mit wehendem Kittel kam ihnen entgegen. Er mochte zwischen zwanzig und dreißig sein. Er hatte sein Haar mit reichlich Pomade glattgestrichen.

„Was bringen Sie mir, Herr Fuchs?"

„Wolfsveränderter, sporadische Aggressivitätsausbrüche. Temporärer Gedächtnisverlust."

„Hat er was Schlimmes angestellt?"

„Vermutlich einen Menschen getötet."

Der junge Mann nickte. „Bringen Sie ihn in den Sicherheitsbereich. Sagen Sie Unterrat Täschner, dass ich Sie schicke: Oberrat von Greifenau. Er soll den Mann für eine Blutprobe vorbereiten. Ich sehe, er ist gut verschnürt. Schließlich will ich eine Blutprobe von ihm, nicht von mir." Er deutete auf eine Tür auf der gegenüberliegenden Seite. „Dort entlang bitte."

Der Polizist führte den Wolfsmann fort.

„Sieht er rot? Im wahrsten Sinne des Wortes?", fragte von Greifenau.

„Ja." Fuchs sah seinen Kollegen vom Amt überrascht an.

„Wolfstraum. Heimtückisches Zeug", sagte der junge Mann lapidar. „In geringen Dosen macht es sie friedlich, sie träumen am hellen Tage vor sich hin. Aber wenn sie zu viel davon nehmen, rasten sie aus. Wir nennen es den roten

Zorn. Sie gieren dann nach Blut. Es gibt skrupellose Drogenhändler, die es ihnen verkaufen. Und manche wissen eben nicht, wie viel gut für sie ist."

„Ich glaube nicht, dass der Wolfsmann so ein Zeug freiwillig genommen hat. Er wirkte nicht wie so ein Typ", entgegnete Fuchs.

„Man weiß nie. Die Blutprobe wird es zeigen."

Fuchs nickte. „Geben Sie mir bitte Bescheid, sobald Sie etwas Genaueres wissen, ja?"

„Natürlich. Was wird mit dem Wolfsmann?"

„Er bleibt bei uns bis er einen fairen Prozess bekommt", sagte Fuchs.

Von Greifenau nickte. „Grüßen Sie die Leute vom Archiv. Besonders das Fräulein Zimmermann." Ein leichtes Rot überzog plötzlich seine Wangen.

„Wird erledigt", sagte Fuchs.

„Postillion d' amour", raunte ihm die Hauptwachtmeisterin ins Ohr.

„Nur kein Neid!" Fuchs grinste, als sie wieder auf dem Weg zum Wagen waren. Er wusste, es würde ihm vergehen.

Am nächsten Tag brachte ein Bote die Laborergebnisse aus dem *Adlerhorst.* Tatsächlich ließen sich im Blut des Wolfsmannes Spuren von Wolfstraum nachweisen, der nach Ansicht der Experten jedoch mit einer weiteren Substanz modifiziert worden sein musste. Man vermutete eine daher verstärkte Aggressivität bei dem Veränderten.

„Wir müssen noch einmal mit ihm reden", sagte Fuchs. „Ich muss wissen, ob er solche Sachen konsumiert und wenn ja, wer ihm dieses besondere Zeug verkauft hat. Stellen Sie sich vor, Fräulein Schädlich, wenn eine aggressiv stimmende Droge für Veränderte in größeren Mengen in Umlauf gelangt. Dann haben wir Mord und Totschlag auf den Straßen."

„So lange wird das gar nicht mehr dauern", sagte Amtsrat Gerber, der in diesem Moment das Büro betrat. In der Hand hielt er ein Bündel Zeitungen, die er auf Fuchs' Schreibtisch warf. „Lesen Sie einfach die Überschriften."

Fräulein Schädlich beugte sich zum Schreibtisch hinüber und studierte die Texte. „Wer schreibt so was? *Böse bis ins Mark.*" Sie tippte mit dem Zeigefinger auf einen Artikel. „Oder das hier: *Wie lange wird sich die Bevölkerung noch damit zufriedengeben, dem Amt für Ætherangelegenheiten zu vertrauen?* Das diskreditiert unsere Arbeit und hetzt die Leute auf."

„Ja, der *Reichsbote* mochte uns schon immer", sagte Fuchs in ätzendem Tonfall.

„Jedenfalls können wir es uns nicht leisten, diesen Wolfsmenschen länger zu beherbergen", knurrte Gerber und hörte sich dabei selbst recht wölfisch an.

„Wir beherbergen ihn nicht, wir untersuchen ihn", erwiderte Fuchs.

„Dem Mob ist das gleich. Was in diesem Fall notwendig ist, ist eine schnelle Verurteilung, damit wieder Ruhe einkehrt." Gerber schaute streng von Fuchs zu Schädlich. „Ich habe angewiesen, dass der Mannwolf unverzüglich an die Polizei zurücküberstellt wird."

„Wir müssen mit ihm reden", fuhr Fuchs auf.

„Unsinn! Soweit ich informiert bin, hat der Beschuldigte keine Erinnerung an seine Tat. Ich möchte, dass er unverzüglich wieder in die Obhut der Polizei kommt und einem

Richter vorgestellt wird. Die Justiz muss sich mit dem Fall beschäftigen."

„Hören Sie, Amtsrat, es sieht so aus, als verteile jemand modifizierten Wolfstraum an Veränderte. Jemand will, dass diese aggressiv werden und Schaden anrichten. Ich kann mir schon denken, welchen Zweck dieser Jemand verfolgt."

„Fuchs! Hören Sie auf! Wir wissen jetzt, dass der Beschuldigte unter Drogeneinfluss gehandelt hat. Wir werden das an die Stellen weitergeben, die diese Information in Erwägung ziehen müssen. Mehr ist für das Amt nicht mehr zu tun." Gerber trat an den Schreibtisch heran, raffte die Zeitungen an sich und marschierte aus dem Raum.

„Wie ... Wie kann er so eine Anweisung geben? Das ist fahrlässig." Es sah aus, als wolle Kommissar Fuchs in Tränen ausbrechen.

„Sie kennen doch Gerber", sagte Fräulein Schädlich. „Der will in erster Linie seine Ruhe."

„Das geht über das übliche Maß an Engstirnigkeit hinaus." Fuchs setzte sich in Bewegung. „Kommen Sie, wir müssen zum *Adlerhorst* hinauf, ehe man diesen Artur wegbringt. Ich muss wissen, ob er die Droge absichtlich genommen hat." Im nächsten Augenblick eilte er bereits zur Tür hinaus.

Es kam selten vor, aber es gab Momente, da konnte sich Kommissar Fuchs für Fräulein Schädlichs Fahrstil erwärmen. Jener Tag war so eine Gelegenheit. Unterwegs hatten sie ein Fahrzeug des Amtes und eines der Polizei überholt, vermutlich die Abordnung, die den Delinquenten nach Karlsruhe bringen sollte.

Als sie an der Forschungseinrichtung angekommen waren, sprang Fuchs sofort aus dem Wagen und eilte auf den Hof. Drei Mitarbeiter des Amtes in weißen Kitteln führten gerade den Wolfsmann aus einem der Gebäude. Wie bei seiner Ankunft war er sorgfältig gefesselt und trug eine Art Maulkorb.

Fuchs eilte auf die Gruppe zu, während im Hintergrund gerade die Fahrzeuge auf den Hof fuhren, die sie zuvor überholt hatten. Er wedelte mit den Armen und rief: „Nicht übergeben! Ich muss mit dem Mann reden!"

Die drei Beamten schauten verdutzt, umso mehr, als in diesem Moment jemand aus dem Polizeiwagen stieg und lautstark verkündete: „Das ist unser Gefangener!"

Fuchs erreichte die Gruppe und baute sich vor dem Wolfsmann auf. „Haben Sie ... Haben Sie die Drogen freiwillig genommen?"

„Wesche Rogen?", nuschelte der Wolfsmann. Niemand schien bereit zu sein, ihm den Maulkorb abzunehmen.

„Hat man Ihnen nicht gesagt, dass Sie unter dem Einfluss von Wolfstraum gehandelt haben?" Fuchs sah die Herren, die den Wolfsmann begleiteten, der Reihe nach strafend an.

„Olfs-Raum?" Die Augen des Gefangenen weiteten sich. Er schüttelte den Kopf. „Iir ehm so'n Eug nicht", brachte er hervor.

„Aber es war in Ihrem Blut", sagte Fuchs energisch. „Wer beliefert Sie?"

„Ii-Ant!", presste der Wolfsmann hervor.

„Genug geschwatzt!" Jemand packte Fuchs von hinten an der Schulter und schob ihn beiseite. Es handelte sich um einen Polizeibeamten mit der Statur eines Preisboxers und pockennarbigem Gesicht. „Wir übernehmen! Schaffen Sie den Wolf zum Wagen!“ Mit herrischer Geste deutete er auf das Polizeifahrzeug.

Fuchs wandte sich an Fräulein Schädlich. „Kommen Sie. Wir haben getan, was wir tun konnten.“ Gemeinsam kehrten sie zu ihrem Auto zurück.

„Sie können langsamer fahren“, bemerkte Fuchs, als sie einstiegen.

„Zurück zum Amt?“

„Nein, zum Binsenwasen. Wir machen einen netten Ausflug.“

„Sie haben doch einen Verdacht?“

„Erinnern Sie sich, was Artur sagte, was er auf der Wiese gespürt hat?“

„Er sprach von einem Schlag.“

„Genau. Ich würde mich gern dort umsehen. Kommen Sie, Fräulein Schädlich, eine Wanderung an frischer Luft hat noch niemandem geschadet.“

Wenige Minuten später bereute er seine Worte. Zwar mochte eine Wanderung noch niemandem geschadet haben, aber der Weg zum Startpunkt über unbefestigte Forststraßen in einem Automobil, das von einer verhinderten Rennfahrerin gesteuert wurde, mochte schon Opfer gefordert haben.

Sie erreichten den Platz südlich des Merkurturms nach einer holprigen Fahrt durch dichten Tann. Der Binsenwasen präsentierte sich als offene Fläche im Wald, an der Wege aus verschiedenen Richtungen zusammentrafen. Mit ein wenig Phantasie konnte man sich Sonntagsausflügler vorstellen, die hier entlang flanierten, das Aroma des Waldes genossen und dem Gesang der Vögel lauschten. Natürlich war dies auch ein idealer Ort für jene Veränderten, die der Natur näherstanden als dem lauten Toben der Stadt im Tal.

„So, und jetzt sehen wir uns hier mal gründlich um", sagte Fuchs nachdem sie aus dem Wagen gestiegen waren.

„Wonach suchen wir?"

„Ich würde sagen nach einem Pfeil, wie er in Blasrohren verwendet wird."

„Sie meinen, jemand hat den Wolfsmann damit beschossen?"

„Mir fällt jedenfalls keine andere Erklärung für einen plötzlichen Schlag gegen das Gesäß im Zusammenhang mit Drogen im Blut ein." Fuchs spazierte bereits mit gesenktem Kopf und auf dem Rücken zusammengelegten Händen über die Wiese. „Und die Droge muss aus einiger Entfernung appliziert worden sein. Artur hat ja niemanden gesehen."

Fräulein Schädlich beobachtete ihren Kollegen einige Sekunden lang, ehe sie sich selbst in Bewegung setzte. Sein Blick und seine Bewegungen erinnerten sie an einen Storch, der sich seine Froschmahlzeit sucht, Sie musste ein Kichern unterdrücken.

Sie wanderten in gleichmäßigen Bahnen über das Grün, immer darauf bedacht, kein verräterisches Blinken, keine farbliche Abweichung zu übersehen. Abgesehen von dem Grund ihres Hierseins genoss der Kommissar die Abgeschiedenheit, das satte Grün und die frische Luft. Sie stellten eine willkommene Abwechslung zur Büroarbeit dar.

„Ich glaube, ich habe hier was", rief ihm seine Kollegin plötzlich zu, bückte sich und hob mit zwei Fingern etwas vom Boden auf.

Fuchs eilte zu ihr hinüber und beäugte das Fundstück. „So habe ich mir das nicht vorgestellt", sagte er. Er hatte etwas erwartet, dass an einen Wurfpfeil erinnerte – eine scharfe Spitze und am hinteren Ende Federn, um den Flug zu stabilisieren. Dieses Ding sah aus wie eine kleine Injektionsspritze. Im hinteren Teil des mit einer Kanüle bewehrten Glasröhrchens schimmerte es æthergrün.

„Das ist hohe Ingenieur- und Glasbläserkunst", stellte er fest, nachdem er das Stück gründlich in Augenschein genommen hatte. „So etwas kann sich vermutlich nur jemand mit einer gut gefüllten Brieftasche besorgen. Was denken Sie?"

„Ich denke, wir sollten uns einmal mit dem Wirt des Berggasthofes unterhalten", erwiderte Fräulein Schädlich, die den Gegenstand an der Kanüle hielt, um mögliche Fingerabdrücke am Glaskörper nicht zu verwischen.

„Ich sehe, wir denken in den gleichen Bahnen", stellte Fuchs fest.

Sie stiegen wieder in den Wagen und die Hauptwachtmeisterin lenkte diesen das letzte Stück den Berg hinauf. Der Fund ruhte wohlverwahrt in einer Papiertüte im Handschuhfach. Sie würden ihn im Amt auf Spuren untersuchen. Sie verfügten dort über ähnliche, in bestimmten Bereichen bessere Untersuchungsmöglichkeiten als die Polizei.

Der Wirt des Gasthofes auf dem Merkur erwies sich als ein gepflegt aussehender und zuvorkommend auftretender Mittvierziger. Fuchs registrierte schmale Hände und weiblich anmutende Gesichtskonturen. Er stellte sich als Maximilian Vogt vor.

„Was kann ich für Sie tun?", fragte er, nachdem sich die Beamten ausgewiesen hatten. Er lächelte Fuchs an, sein Blick haftete jedoch auf der Hauptwachtmeisterin.

„Sie könnten uns sagen, wo Sie vorgestern Nacht in der Zeit zwischen elf Uhr und etwa drei Uhr in der Früh gewesen sind", sagte Fuchs.

Herr Vogt rieb sich das glattrasierte Kinn. „Mmh, lassen Sie mich überlegen." Die Linke wanderte zum Kopf, er kratzte sich an der Schläfe, als wäre es so möglich, das Denken zu beschleunigen. „Wenn mich nicht alles täuscht, war ich in meinem Bett. Wie jede Nacht. Warum wollen Sie so etwas wissen?"

„Haben Sie davon gehört, dass ein Wolfsmann eine Frau überfallen und getötet hat?"

„Wer hat das nicht? Und Ihr Amt will praktisch vor meiner Haustür eine Ansiedlung dieser Bestien errichten. Sie können sich vorstellen, dass ich nicht begeistert bin."

„Das sind keine Bestien", sagte Fuchs. „Es sind Menschen, die vom Æther verändert wurden. Sie haben teilweise tierische Körpermerkmale entwickelt und manche von ihnen auch tierische Verhaltensweisen. Glauben Sie, sie haben sich das ausgesucht?"

„Das ist doch egal." Eine Hand fuhr vor Fuchs' Gesicht durch die Luft. „Ich will so etwas nicht. Das vertreibt meine Gäste. Aber zurück zu meiner Frage: Warum wollen Sie wissen, wo ich vorgestern Nacht gewesen bin?"

„Es sieht so aus, als habe der angreifende Wolfsmann unter Drogen gestanden."

„Drogen? Meinen Sie Tabak und Alkohol?"

„Nein, ich meine Wolfstraum."

„Dann kann ich Ihnen nicht weiterhelfen. So etwas führe ich nicht in meinem Gasthof. Aber einen guten Kräuterschnaps kann ich Ihnen anbieten. Und ein Glas Sekt für das Fräulein ..."

„Die Hauptwachtmeisterin lehnt dankend ab", sagte eben diese schneidend. „Sie können ihr nur einen Gefallen tun: Versuchen Sie, nicht zu sabbern."

Herr Vogt schluckte. „Warum so empfindlich?“ Er hob die Hände als bedrohte sie ihn mit einer Waffe.

„Ich bin nicht empfindlich. Ich lege nur Wert darauf, genauso behandelt zu werden, wie meine männlichen Kollegen.“

„Dem habe ich auch etwas angeboten“, wehrte Vogt ab.

„Aber ihn nicht mit Blicken ausgezogen.“

Fuchs räusperte sich. „Könnten Sie uns zum Amt begleiten?“

„Wozu denn das? Ich führe hier eine Gastwirtschaft. Im Moment ist zwar nicht viel los, aber das kann sich jederzeit ändern. Ich habe mir nichts zuschulden kommen lassen. Kümmern Sie sich lieber um diesen Wolf, der Menschen reißt.“

„Wir haben nichts in der Hand“, flüsterte die Hauptwachtmeisterin.

„Wir sehen uns wieder“, sagte Fuchs.

Vogt schaute der Beamtin ungeniert ins Gesicht, lächelte und erklärte: „Das würde mich außerordentlich freuen.“

Am nächsten Morgen hielten Fuchs und Schädlich in der Hand, was sie benötigten, wenn sie dem Herrn Vogt gründlich auf den Zahn fühlen wollten: einen Befund über die Fingerabdrücke von dem Glasbehälter und einen Durchsuchungsbefehl aus Karlsruhe, der in der Nacht mit dem Auto gebracht worden war. In Begleitung zweier Polizeibeamter begaben sie sich wieder hinauf zum Merkur.

Vor dem Amt hatten an die hundert Leute gestanden. Teilweise trugen sie Schilder, auf denen Dinge zu lesen standen wie: „Keine Verdorbenen auf dem Merkur!“ oder „Schickt die Bestien in die Wüste!“ Einige hatten auf das Dach des Autos geschlagen, ehe sie sich in Bewegung setzen konnten. Der Volkszorn kochte, wie Gerber es vorhergesagt hatte. Sie konnten nur Schadensbegrenzung betreiben, indem sie den wahren Schuldigen am Tod der Witwe Olsen entlarvten. Denn wer immer den Wolfsmann mit der Droge beschossen hat, war ebenso schuldig, als hätte er die alte Frau selbst getötet. Dessen war Fuchs sich sicher.

Herr Vogt empfing sie auch diesmal mit einem Lächeln, das jedoch etwas verkrampft wirkte, als ihm der Durchsuchungsbefehl vor die Augen gehalten wurde. Dies erledigte die Hauptwachtmeisterin mit ihrem ganz eigenen Charme. Anschließend führte sie den verdutzten Wirt zu den Polizisten, die alles mitgebracht hatten, was sie zur Abnahme seiner Fingerabdrücke benötigten.

Während er noch Finger um Finger auf ein Stempelkissen drückte, kam Fuchs bereits aus einem der hinteren Zimmer mit einer Zigarrenkiste zurück, die er triumphierend schwenkte. Sie enthielt zwei weitere der Glasröhrchen mit Kanüle, wie sie eines auf der Wiese am Binsenwasen gefunden hatten.

„Wozu brauchen Sie die?“, fragte er und hielt Vogt die Kiste unter die Nase.

„Die sind zur Tierbetäubung“, sagte Vogt.

„Sie halten sich hier Vieh?“

„Nein. Aber nachts ist es hier ziemlich einsam. Ich muss mich ja irgendwie zur Wehr setzen können, wenn auch hier so ein wildgewordener Wolf auftaucht“, fauchte Vogt. „Sie sehen ja: Unbewaffnet ist man eine leichte Beute.“

Inzwischen beschäftigten sich die Polizeibeamten mit den Fingerabdrücken.

„Muss noch genauer untersucht werden, aber ich denke, wir haben eine Übereinstimmung", sagte der dickere der beiden.

„Wie erklären Sie sich das?", fragte Fuchs.

„Ich bin ... man hat ... Mir ist ein Pfeil entwendet worden", brachte Vogt hervor. Schweiß war auf seine Stirn getreten.

„Warum haben Sie das nicht angezeigt?", fragte der schlankere der Polizisten. Er trug einen Bart, der an Rumpelstilzchen denken ließ.

„Ich dachte, es sei nicht so wichtig."

„Wurde sonst etwas gestohlen?"

„Nein."

„Finden Sie es nicht seltsam, dass jemand sich die Mühe macht, in ihr Haus einzudringen und nur eine Art Spritze zu stehlen?", herrschte der Polizeibeamte Vogt an. Er fühlte sich ganz offensichtlich nicht ernst genommen. „Sie werden uns begleiten, Herr Vogt!" Er packte den Gastwirt am Arm.

„Lassen Sie mich. Ich habe nichts getan."

Fuchs schüttelte den Kopf. „Das glauben Sie doch selbst nicht."

„Wenn ich Ihnen sage, was wirklich passiert ist, lassen Sie mich dann in Ruhe?"

„Erzählen Sie mal!", forderte die Hauptwachtmeisterin barsch.

„Also, vor ein paar Tagen hatte ich einen Gast hier. Er kam mit der Bahn herauf. Jedenfalls hat er mir das erzählt. Er brachte diese Dinger mit, hat sie mir gezeigt. Sagte, sie seien der letzte Schrei für Tierärzte. Ganz neues Produkt. Er hat sie mir unter die Nase gehalten, meinte, ich solle sie mir ansehen und ihm sagen, ob ich wüsste, wer so etwas vielleicht kaufen würde. Ich habe sie tatsächlich alle in die Hand genommen. Sehen Sie, diese Dinger sind doch eine fantastische Arbeit. Ich habe auch gefragt, wie sie funktionieren. Er meinte, sie hätten eine Æthertreibladung. Man würde diese mit einem Blasrohr aktivieren. Dann hat er gesagt, es wäre ja recht einsam hier oben. Und ich könnte gewiss etwas gebrauchen, um mich zu verteidigen, falls hier mal ein toller Hund herumliefe. Er legte ein Blasrohr und zwei der drei Pfeile auf den Tresen und meinte, er schenke sie mir und ich solle ihn weiterempfehlen. Er hat mir einen Zettel mit seiner Adresse gegeben. Die muss noch an der Kasse liegen. Soll ich sie holen?"

„Bleiben Sie", sagte der dünne Polizist. „Mein Kollege erledigt das." Nachdem dieser sich in Bewegung gesetzt hatte, fragte er: „Könnten Sie den Mann beschreiben?"

„Ja, ich denke schon."

„Sie werden uns ins Präsidium begleiten. Dort haben wir einen Zeichner. Er wird nach Ihrer Beschreibung den Mann skizzieren."

Der mit dem Adresszettel kehrte mit dem Adresszettel zurück. „Martin Wohlrabe, medizinische Glaswaren", las er vor.

„Kommen Sie!" Erneut packte einer der Polizisten Vogt am Arm. Diesmal ließ dieser sich ohne Widerstand zu leisten abführen.

„Glauben Sie ihm?", fragte Fräulein Schädlich Fuchs auf dem Weg nach draußen.

„Ja. Die Geschichte ist zu absurd, um sie sich auszudenken. Jemand hat Herrn Vogt benutzt. Er mag ein Armleuchter sein, aber er hat keine Tote auf dem Gewissen. Ich fürchte nur, dieser Herr Wohlrabe ist eine Sackgasse. Den gibt es gar nicht."

Fuchs sollte sich irren. Noch am Abend desselben Tages wurde ein Mann in Freiburg entdeckt, der ziemlich genau der Beschreibung Vogts entsprach. In seiner Tasche fand sich ein Brief an einen Dietmar Wohlrabe und ein Tütchen mit zwei Unzen Wolfstraum. In seiner Brust steckte bis zum Heft ein Messer. Der Mann war bei einer Kneipenschlägerei getötet worden. Augenzeugen wollten einen dürren Mann mit humpelndem Gang flüchten gesehen haben. Dieser wurde nie ausfindig gemacht.

Der Wolfsmann Artur, der Bissige, wurde drei Wochen später zum Tode durch den Strang verurteilt. Das Urteil wurde zwei Tage später in Karlsruhe vollstreckt.

Ein paar Tage später saßen Doktor Trautmann und Kommissar Fuchs eines Abends in einer Baden-Badener Kneipe zusammen beim Bier. Der Wissenschaftler hatte um die Unterredung außerhalb des Amtes gebeten.

Fuchs wischte sich Schaum von der Oberlippe und fragte: „Warum wollten Sie mich sprechen? Und warum nicht im Büro?"

„Weil ich inzwischen glaube, dass Sie recht haben", sagte Trautmann. „Jemand interessiert sich ganz offensichtlich für die Arbeiten am Zeitapparat." Er beugte sich näher zu Fuchs. „Und es muss jemand vom Amt sein."

„Sie haben etwas bemerkt?" Halb eine Frage, halb eine Feststellung.

„Es scheint mir, jemand war in meinem Büro und an den Unterlagen. Er hat sich bemüht, alles wieder so zu hinterlassen, wie er es vorgefunden hat. Aber er war nicht perfekt und ich bin Eidetiker. Manche nennen das auch fotografisches Gedächtnis."

„Sie glauben, jemand vom Amt wühlt in Ihren Unterlagen?"

Trautmann nickte. „So sieht es für mich aus. Und warum sollte dieser Jemand es heimlich tun, wenn es einen lauteren Grund für sein Interesse gäbe? Jedenfalls möchte ich Sie bitten, die Augen offen zu halten."

„Sie haben also Ihre Meinung bezüglich des Wertes von Zeitreisen geändert?"

„Nein", sagte Trautmann und hob sein Glas. „Aber ich bin zu der Überzeugung gekommen, dass wir die Zeit besser schützen müssen." Er leerte sein Bier in einem Zug.

In einer Nische links von den beiden Beamten saß ein Mann in einem mausgrauen Anzug mit nachlässig gebundener Krawatte, vor sich hatte er einen leeren Teller. Er rauchte mit tiefen, gleichmäßigen Zügen. Sein Blick ruhte auf dem gegenüberstehenden, leeren Stuhl, aber die Aufmerksamkeit seiner Ohren gehörte ganz dem Gespräch zwischen Fuchs und Trautmann. Er bedauerte, dass er nicht die Ohren eines Biddington besaß, aber einige Dinge, die er vernommen hatte, beunruhigten ihn. Um diese Leute musste man sich kümmern. Bisher war dieser Fuchs nur wie ein lästiges Insekt gewesen, aber wenn er andere Beamte mit seinen Sorgen ansteckte, konnte das nicht länger geduldet werden.

Die Meerjungfrau

Fietje Mommsen schaute zum Himmel. Dort zog eines der Luftschiffe seine Bahn und brachte vermutlich eine neue Ladung Touristen auf die Insel. Zu Fietjes Jugendjahren lebte man auf Sylt noch hauptsächlich vom Fischfang. Inzwischen aber verdienten eine ganze Reihe Familien gutes Geld damit, eine Bodenkammer an Leute zu vermieten, die von früh bis spät durch den Sand laufen und auf das Meer schauen wollten. Er wusste nicht, warum sie sich so dafür begeisterten. Das Meer hat ihm zwei Brüder genommen und auf diese Art wohl auch seine Mutter, denn nach deren Tod hatte sie die Lust am Leben verloren.

Fietje schlenderte mit auf den Rücken gelegten Armen weiter am Strand entlang. Auf seine alten Tage gab es für ihn nicht mehr viel anderes zu tun. Hin und wieder fuhr er mit einem der Boote als Begleiter hinaus. Die jungen Männer schätzten seine Erfahrung, wenn es darauf ankam, Standorte von Schwärmen aufzuspüren. Aber wenn es darum ging, ein volles Netz einzuholen, war er ihnen keine große Hilfe.

Er blickte in Richtung Westerland. Dort standen ein paar Strandkörbe im Sand. Er sah auch Leute, die im Wasser herumsprangen. Möwengeschrei über ihm komplettierte eine Stimmung, die den Leuten in den Städten als idyllisch verkauft wurde. Er verspürte keine Lust, sich weiter mit diesem Treiben zu befassen, sondern wandte sich wieder in Richtung Lister Ellenbogen.

Etwa eine Seemeile vor der Küste bemerkte er ein Schiff. Es handelte sich um eine weiße Yacht, wie manche reiche Landratten sie sich zulegten, um einmal im Jahr auf das Meer hinauszufahren und Seeleute zu spielen. Sie sah selbst auf diese Entfernung elegant aus und musste um die fünfundzwanzig Meter lang sein. Fietje wusste nicht, was dieses Schiff gekostet haben mochte, aber er vermutete, mehr als er in seinem ganzen Leben auf ehrliche Art und Weise verdient hatte.

Die Ætherbarone und Großgrundbesitzer, Reeder und Aktionäre, die ihr Geld auf den Rücken der armen Leute verdienten, waren inzwischen die wahren Herren der Insel. Sie verlustierten sich in feinen Restaurants bei Austern und Champagner. Und in noblen Bekleidungsgeschäften erwarben sie Garderobe, die der einfachen Kluft der Fischer nachempfunden war, um sich dem gemeinen Volk näher zu fühlen.

Fietje Mommsen beneidete sie nicht, aber er empfand Bedauern darüber, wie seine Heimat sich veränderte. Eines Tages, so fürchtete er, würden es sich einfache Leute wie er gar nicht mehr leisten können, auf der Insel zu wohnen. Dann kämen täglich neue Gäste mit Luftschiffen und dem Zug und würden den Frieden stören. Sie vertrieben die Vögel vom Strand und schreckten die Robben. Er hoffte nur, er müsse diese neue Zeit nicht mehr erleben.

Von Dänemark her näherte sich ein Kutter, der vermutlich zur Küste strebte, wo der Fisch angelandet und verarbeitet wurde. In Husum hatte einer der feinen Herren sich eine große Fabrik bauen lassen. Dort, so erzählten die Fischer, wurden ganze Schwärme von Heringen und Makrelen verarbeitet, in Dosen verpackt und in die gesamte Republik verschickt, damit auch in den Alpen Fisch gegessen werden konnte, der aus der Nordsee stammte. Dabei wusste jedes Kind, dass Fisch am besten schmeckte, wenn man ihn frisch vom Kutter kaufte. Ach, diese Städter ...

Fietje kam um eine vorgelagerte Düne herum, erblickte er ein Stück weit vor sich eine Gestalt am Strand erblickte. Sie lag halb an Land und halb im Wasser und dümpelte deshalb vor sich hin. Er hatte in seinem Leben schon einige Ertrunkene an diesen Küsten gesehen und wusste ziemlich genau, womit er zu rechnen hatte, als er sich der Gestalt näherte. Er beschleunigte seinen Schritt. Vielleicht gab es ja noch Hoffnung, wenngleich er wusste, dass es meist zu spät war.

Was er jedoch sah, als er die Gestalt erreichte, überraschte ihn doch. Es handelte sich nicht um einen Menschen. Jedenfalls nicht, wenn er die Maßstäbe anlegte, die gegolten hatten, als er ein junger Mann gewesen war. Die Person trug keine Kleidung. Der Oberkörper gehörte zu einer wohlproportionierten, jungen Frau. Allerdings steckte ein Messer bis zum Heft in der linken Brust. Die Dame war nicht ertrunken, jemand hatte sie erstochen. Es könnte einer von diesen grölenden Idioten gewesen sein, die nach dem dritten Korn verkündeten, alle Verdorbenen gehörten abgemurkst. Dabei nannte man Personen wie die Tote doch jetzt Veränderte. Für diese besondere Veränderte gab es jedoch schon seit hunderten Jahren einen anderen Namen. Er lautete Meerjungfrau.

Fietje Mommsen verließ eilig den Strand. Er musste seinen Fund melden.

„Das wird wie Urlaub“, sagte Hauptwachtmeisterin Schädlich, während sie zu ihrem Partner, Kommissar Fuchs, ans Auto trat. „Meer, Strand und Ostfriesentee.“

„Sie vergessen, dass wir eine Morduntersuchung unterstützen sollen“, sagte Fuchs. „Leichenschau, Zeugenvernehmung und schließlich ein Täter.“

„Sie dürfen nicht immer alles so pessimistisch sehen.“

„Sagen Sie das der Leiche.“ Fuchs stieg in das Taxi, glücklich darüber, heute nicht von der Hauptwachtmeisterin chauffiert zu werden.

Er mochte das Fräulein Schädlich. Sie war klug, integer und sah außerdem gut aus, wenngleich sie ihm mit langen Haaren noch besser gefallen hatte. Aber was konnte ein einfacher Mitarbeiter der Investigantionsabteilung des Amtes für Ætherangelegenheiten gegen die Zwänge der Mode ausrichten? Allerdings konnte und wollte er sich nicht an ihren Fahrstil gewöhnen. Sobald sie am Steuer eines Wagens saß, wurde sie zu einer Veränderten, die irgendwie mit den Furien verwandt sein musste.

Nach Sylt würden sie allerdings nicht mit einem Dienstwagen, sondern mit einem Luftschiff fahren. Dies war schneller und bequemer, als zunächst bis nach Niebüll im Auto zu reisen, um dieses dort auf einen Eisenbahnwagon verladen zu lassen, der es auf die Insel brachte.

Sie bestiegen am Luftschiffhafen am Fremersberg die *Reichskrone* und verließen diese am nächsten Morgen wieder auf Sylt. Eine frische Brise von der See her begrüßte sie. Außerdem erwartete sie ein Polizeibeamter, der sich ihnen als Hauptkommissar Lüders vorstellte. Der Mann war noch recht jung. Fuchs schätzte, dass er die dreißig gerade erst überschritten haben mochte, aber seine wettergegerbte Haut ließ ihn älter erscheinen.

„Sie können gleich mitkommen. Wir haben die Leiche bei uns in der Dienststelle aufgebahrt“, sagte er nach einem kräftigen Handschlag.

Als sie wenig später vor den sterblichen Überresten einer jungen Frau mit Fischschwanz und Schwimmhäuten an den Händen standen, erklärte er: „Ein alter Fischer hat sie gefunden. Ist auf halber Strecke zwischen Westerland und dem Ellenbogen an Land gespült worden. Es ist eine Schande." Lüders schüttelte den Kopf. „Ich kenne sie seit meiner Schulzeit. Sie heißt Antje Nähter und wohnte früher mit ihren Eltern in einem Bauernhaus in Munkmarsch. Seit ein paar Jahren arbeitete sie auf dem Festland in einer Fischfabrik. Sie war ein nettes, freundliches Mädchen. Ich glaube, sie wusste nicht einmal, was das Wort Lüge bedeutet. Und jemand hat sie einfach erstochen. Vermutlich nur, weil jetzt die See ihr zuhause war."

„Aber freier Æther ist ein Süßwasserphänomen. Ich nahm an, hier an der Küste gibt es nicht so viele Veränderte", sagte Fräulein Schädlich.

„Gibt es auch nicht." Der Hauptkommissar nickte. „Aber sie hat ja drüben auf dem Festland gearbeitet. Da gibt es Æther." Lüders deckte die Leiche wieder zu und wandte sich den Beamten zu. „Weil es auf den Inseln nicht so viele Veränderte gibt, sind die Menschen hier weitaus weniger bereit, sie zu akzeptieren. Die meisten hier sind auch regelmäßige Kirchgänger und der Klerus verteufelt die Veränderten leider noch immer. Es gibt bei uns regelrechten Hass bei einigen Leuten. Gerade bei einigen jungen. Immer wieder müssen wir verhindern, dass ein Veränderter gejagt wird, wenn die wieder mal einen zu viel im Tee hatten."

„Haben Sie schon in dieser Richtung ermittelt?"

„Nein." Lüders schaute betreten an den beiden Beamten vorbei.

„Warum nicht?", fragte Fuchs.

„Weil ich hier nur zwei weitere Beamte habe, einer davon ist eine Frau. Wenn ich diese Typen verärgere, nehmen sie mir die Dienststelle auseinander."

„Und das lassen Ihre Vorgesetzten denen durchgehen? Da rückt nicht am nächsten Morgen eine Hundertschaft an?" Die Hauptwachtmeisterin wirkte ehrlich erstaunt.

„Das hier ist eine Insel. Eine verschworene Gemeinschaft. Wir hier gegen die auf dem Festland. Niemand wird etwas gesehen haben, alle waren brav daheim bei ihren Frauen oder Eltern. Es sind gute Jungs, nur manchmal ein bisschen wild und so weiter." Lüders winkte ab.

„Dann unterhalten wir uns mal mit denen", erklärte Fuchs. „Wo finden wir die?"

„Es gibt eine Kneipe, einen Kilometer den Strand hoch, wo sich eine Menge zwielichtiger Typen treffen. Sie nenne sich Söhne der Piraten. Männer mit Tätowierungen überall, die über Veränderte reden, als seien es Tiere."

„Wie heißt sie?", fragte die Hauptwachtmeisterin.

„*Tortuga*. Über der Tür sind zwei Krummsäbel als Erkennungszeichen ins Gebälk gebrannt", erklärte Lüders.

„Gut, wir fahren hin und sehen es uns mal an."

„Das würde ich nicht tun. Das sind harte Typen. Warten Sie, bis meine Kollegen da sind, dann gehen wir gemeinsam. Zu fünft sind wir sicherer."

„Ich dachte, Sie fürchten um die Einrichtung ihrer Wache", sagte Fuchs.

„Hier geht es um Mord und um Antje Nähter. Vielleicht können wir ein paar Leute davon überzeugen, dass es diesmal nicht darum geht, ob wir oder die vom Festland recht haben. Antje war eine von uns." Lüders straffte sich. „Ich werde gleich mal herumgehen und mir ein bisschen Rückendeckung verschaffen."

„Hören Sie, wir können Spuren nicht noch kälter werden lassen“, sagte Fräulein Schädlich. „Wir fahren jetzt zu dieser Bar. Könnten Sie uns einen Wagen überlassen?“

„Warten Sie wenigstens, damit Sie nicht allein dorthin müssen. Ich kann im Moment schlecht für länger hier weg, solange niemand sonst in der Wache ist.“

„Wir können gut auf uns selbst aufpassen, nicht wahr, Herr Fuchs?“ Die Hauptwachtmeisterin sah sich lächelnd nach ihm um. „Was kann schon gefährlich sein an einem Abend in einer Strandbar?“

„Junge Frau ...“

„Hauptwachtmeisterin, wenn ich bitten darf!“

„Hauptwachtmeisterin! Das sind gefährliche Leute. In ihrer Freizeit kurven sie mit ætherbetriebenen Motorrädern durch die Landschaft. Immer wieder sind sie in Schlägereien, ja, sogar in Messerstechereien verwickelt.“ Der Inspektor rang die Hände. Es fehlte nicht viel und er wäre vor der Beamtin auf die Knie gesunken.

„Wir wissen uns zu verteidigen“, sagte diese. „Außerdem sind wir harmlose Touristen, die ein wenig Seeluft atmen und die hiesigen Sehenswürdigkeiten besichtigen wollen. So eine Piratenbar ist gewiss eine Sehenswürdigkeit.“

Fuchs beugte sich zu seiner Begleiterin und raunte: „Sind Sie sicher, dass Sie das ernst meinen?“

„Haben Sie Angst?“, fragte Fräulein Schädlich laut und blickte ihn an. „Ich habe seinerzeit in Magdeburg ganz andere Etablissements besucht.“

„Wenn Sie darauf bestehen ... Hier ist mein Wagenschlüssel.“ Der Inspektor zuckte mit den Achseln und trat einen Schritt zur Seite, um Schädlich und Fuchs vorbei zu lassen. Er fragte sich, in wie vielen Einzelteilen er sie wiedersehen würde.

Die beiden Beamten gingen nach draußen, stiegen in den Wagen und fuhren Richtung Süden, wie der Inspektor ihnen beschrieben hatte. Das *Tortuga* erwies sich als ein von der Straße zurückgesetzter barackenartiger Bau, der aus groben Holzbohlen zusammengezimmert worden war. Die Fenster waren schmal und, wie Fuchs registrierte, von Staub und Mief nahezu undurchsichtig. Wer sich freiwillig in so ein Etablissement begab war entweder lebensmüde, überaus heldenhaft oder ein Schwerverbrecher, der mit seinesgleichen einen heben wollte. Dergleichen gab es in Baden-Baden nicht, wo man mit zwei Fingern sein Champagnerglas hielt und über die nächste Anwendung im Friedrichsbad philosophierte.

Fräulein Schädlich fuhr den Wagen auf den festgetretenen Sand vor der Baracke und stieg ohne zu zögern aus. Sie war bereits zwei Schritte auf den Eingang zugegangen, ehe Fuchs sich entschieden hatte, dass er zu ihrer Unterstützung aussteigen würde. Sie wandte sich gerade zu ihm um und rief: „Was trödeln Sie denn da rum?“, als er die Beifahrertür schloss.

„Mir gefällt nicht, dass wir unbewaffnet da reingehen sollen“, sagte Fuchs, als er die Hauptwachtmeisterin erreicht hatte.

„Sie sind doch sonst immer strikt dagegen, einen Werfer mitzunehmen.“

„Wenn wir uns mit Veränderten auseinandersetzen müssen, deren einziges Verbrechen darin besteht, sich plötzlich ganz oder teilweise durch den Æther verwandelt vorzufinden“, erwiderte Fuchs.

„Und hier ist das bisher einzige Verbrechen, das wir diesen Leuten vorwerfen können, dass sie diesen Dreckschuppen betreten haben.“ Fräulein Schädlich setzte sich wieder in Bewegung. „Kommen Sie. Sie müssen keine Angst haben."

Fuchs straffte sich. Er würde der jungen Frau beweisen, dass er keine Furcht vor ein paar bärbeißigen Typen hatte, die sich vermutlich für die letzten Wikinger hielten. Sie traten ein und es sah so aus, wie der Kommissar es erwartet hatte. Im Zentrum des Raumes befand sich eine Bar, die von oben bis unten mit hochprozentigen Alkoholika bestückt war. Davor standen einige Hocker mit quadratischer Sitzfläche. Abseits der Bar gab es Tische mit dicken, hölzernen Platten und Fässer, an denen Stühle und Hocker standen. Fuchs registrierte etwa fünfzehn Gäste, alle männlich, alle breitschultrig. Der Wirt hinter der Bar sah aus wie ein Bär, den jemand in Hemd und Weste gezwängt hatte. Jeder dieser Typen würde ihn einarmig über den Kopf stemmen und zu einem der Fenster hinauswerfen.

Einige Köpfe wandten sich ihnen zu, dann folgten anerkennende Pfiffe, als sie die Hauptwachtmeisterin registrierten.

„Hey, Mädchen, setz dich hier rüber", rief ein Typ mit dottergelbem Bart und Haar und deutete auf einen freien Stuhl an seiner Seite. „Lass die halbe Portion sausen."

„Was kannst du mir denn bieten?", rief Fräulein Schädlich zurück.

„Setz dich auf meinen Schoß, dann wirst du es schon merken." Einige Männer an dem Tisch lachten.

Die Hauptwachtmeisterin ignorierte das Angebot und bewegte sich in Richtung Bar. Der Wirt betrachtete sie und Fuchs misstrauisch.

„Was wollen Sie?", fragte er barsch, als sie sich einen Hocker zurechtrückte.

„Ein gutes Bier und ein paar Auskünfte."

„Hier gibt's nur Bier", sagte der Wirt. „Was seid ihr für komische Vögel?" Er beäugte sie genauer. „Wie Bullen seht ihr nicht aus. Die trauen sich auch nicht mehr hier her."

„Amt für Ætherangelegenheiten", sagte Fuchs.

„Hey, ich habe hier ein paar Verdorbenen-Freunde!", meldete der Wirt lautstark.

„Ach?", kam es von einem der Tische, allerdings nicht von jenem, an dem Dotterlocke und seine Freunde saßen. Einer dieser Typen, breit wie Bücherschränke, erhob sich.

„Wollen Sie wirklich Ärger mit dem Amt?", fragte Fräulein Schädlich.

„Wenn das Amt Ärger mit mir und meinen Gästen will", knurrte der Wirt. Kommissar Fuchs dachte bei sich, er könne durchaus selbst ein Veränderter sein, den Wolf bekam er ausgezeichnet hin.

„Sehen Sie", sagte das Fräulein immer noch in beherrschtem Ton, „wenn hier ein paar Dorfpolizisten vermöbelt werden, mag das niemanden interessieren, aber wir arbeiten für eine überregionale Dienststelle, die direkt dem Innenminister untersteht. Es gibt mehr als Ärger, wenn wir nicht gesund wieder nach Hause kommen."

„Davon habt ihr nichts, wenn euch die Fische fressen", sagte jemand direkt neben ihrem Ohr. Sie wandte den Kopf und blickte in ein grimmig verzogenes Gesicht unter einer Stoppelfrisur. Eine Narbe zog sich quer über die linke Wange. „Das ist eure letzte Chance, gesund hier wieder rauszukommen. Geht einfach." Er trat noch einen Schritt vor und stieß Fuchs mit beiden Händen an den Schultern, sodass dieser rückwärts gegen die Bar taumelte.

„Halten Sie das für eine angemessene Reaktion?", fragte Fräulein Schädlich in einem leichten Plauderton, als stände sie auf einer Cocktailparty.

Der Angreifer fuhr herum und hielt der Beamtin einen Zeigefinger unter die Nase. „Bei uns reden Weiber nur, wenn sie gefragt werden. Und jetzt verschwindet ihr von hier!“

Fuchs rappelte sich wieder auf. „Das wird Konsequenzen haben.“ Sein Gesichtsausdruck sprach jedoch eher von Furcht als von Entschlossenheit.

Ganz anders reagierte die Hauptwachtmeisterin. Sie stand mit locker neben dem Körper gehaltenen Armen da und betrachtete ihr Gegenüber. Fuchs kannte diese Haltung von Jiu-Jitsu-Kämpfern, die ihren Gegner taxieren. Er fürchtete, dieser Ausflug würde mit zerschlagenen Knochen enden. Wenn er in die Augen seiner Kollegin blickte, fragte er sich allerdings, wessen es sein würden. So voll unterdrücktem Zorn hatte er sie noch nie erlebt.

„Jemand sollte Ihnen einmal beibringen, wie man mit einer Dame redet“, sagte sie.

„Du dumme Fotze hältst jetzt endlich dein loses Maul, sonst fängst du welche!“

„Lass die Dame in Frieden, Peter“, rief jemand vom anderen Ende des Raumes. „Wir vergreifen uns nicht an Frauen.“

Fuchs blickte sich nach der Stimme um. Sie kam vom Tisch des Typen mit den dotterfarbenen Haaren. Dieser und zwei seiner Kumpane waren inzwischen ebenfalls aufgestanden. Wenn die sich jetzt mit der anderen Gruppe prügelten, blieb von dieser Kneipe sehr wahrscheinlich nur Brennholz übrig.

„Ich lass mir doch von einem Dänen nicht sagen, wie ich mich in meiner Stammkneipe zu verhalten habe.“ Peter reckte sich und schüttelte eine Faust zu der anderen Gruppe.

„Halt die Klappe, setzt dich wieder hin und trink dein Bier, Leif."

„Sie sollten auf ihn hören", sagte Fräulein Schädlich.

Statt zu antworten, holte Peter aus. Sie duckte sich unter dem Schlag weg. Gleichzeitig fuhr eine ihrer Hände zielsicher nach oben, zwei Finger verschwanden in den Nasenlöchern des Angreifers und rissen das empfindliche Riechorgan nach oben. Peter jaulte auf. Seine Arme trommelten auf Rücken und Kopf der Beamtin, die jedoch kurz entschlossen ein Knie in Peters Weichen drosch.

Fuchs sah die Kumpane Peters sich von ihren Plätzen erheben. „Immer mit der Ruhe", sagte der Wirt und wedelte mit den Händen. Inzwischen wurde offenbar auch ihm klar, dass die Situation seiner Inneneinrichtung abträglich sein könnte.

Fräulein Schädlich ließ die Nase los, wischte die Finger beiläufig an der Kante der Bar ab und verpasste Peter, der sich in einem Reflex krümmte, einen Schlag von unten gegen den Kopf. „Das sollte Ihnen eine Lehre sein, sich in Zukunft anständig zu benehmen."

Leif und zwei seiner Begleiter waren inzwischen ebenfalls nähergetreten. „Nicht übel für eine Frau", sagte er.

Peter blickte mit auf den Knien aufgestützten Händen grimmig zu ihm auf.

„Was wollen Sie eigentlich, Fräulein?", fragte der Wirt, der vermutlich seine Inneneinrichtung nicht neu gestaltet sehen wollte.

„Zunächst einmal möchte ich Hauptwachtmeisterin genannt werden. Und dann will ich wissen, ob hier jemand Antje Nähter kennt."

„Die war'n verdammter Fisch", sagte Peter, der inzwischen etwas Abstand zwischen sich und die Beamtin gebracht hatte und an der Bar lehnte.

„Hey, pass auf, was du sagst, Peter." Ein weiterer stattlicher, junger Mann war an die Bar getreten. „Ich war mit der in einer Klasse. Die war eine patente Deern bis sie aufs verdammte Festland musste."

Peter sah den Sprecher stirnrunzelnd an. „Seit wann nimmst 'n du Verdorbene in Schutz, Fred?"

„Veränderte", sagte Fuchs automatisch.

Peters Kopf zuckte zu ihm herum. „Maul halten!"

„Brauchen Sie noch eine Lektion?", fragte Fräulein Schädlich.

„Was is'n mit der Antje?", fragte Fred.

„Jemand hat ihr ein Messer in die Brust gesteckt", sagte Fräulein Schädlich.

„Keiner von uns." Der junge Mann klang sehr entschieden.

„Es hörte sich so an, als mögt ihr Veränderte nicht besonders."

„Die von drüben." Der junge Mann deutete mit dem Daumen über die Schulter, dahin, wo in einiger Entfernung das Festland lag.

Inzwischen waren die Ætherbeamten von Hünen umringt. Rechts von ihnen stand Leif mit zwei seiner Begleiter, links standen Peter und Fred. Fräulein Schädlich wandte sich diesem direkt zu und lächelte. „Wie heißen Sie?"

„Ist das wichtig?"

„Nein. Sie kannten die Antje?"

„Wir waren in einer Klasse und waren einmal miteinander zum Tanz."

Das musste auch für Peter eine Neuigkeit sein. Er starrte seinen Kumpel an und griente. „Mensch, hast du es ihr mal besorgt?“

Einen Moment lang sah es so aus, als würde Peter sich von seinen Zähnen verabschieden müssen. Dieser Fred stand seinem Freund in Sachen Schulterbreite in nichts nach und sein Gesicht lief feuerrot an. Aber er schluckte seinen Zorn hinunter. „Sie hat sich ja verändert“, erklärte er matt. Offenbar wäre er gern bei ihr gelandet, aber dann kam eben dieser Umstand dazwischen, folgerte die Hauptwachtmeisterin. Peter warf den Kopf in den Nacken und lachte brüllend.

„Seit wann war Antje eine Veränderte?“, wollte die Hauptwachtmeisterin wissen.

„Das ist jetzt ein halbes Jahr her“, sagte Fred. „Sie war erst seit einem Monat in dieser Fischfabrik und da wächst ihr so’n Schwanz, wo früher Beine waren. Und Kiemen hat sie auch gekriegt. Sie haben ihr nich‘ mal eine Abfindung gezahlt.“

„Woher weißt du das denn?“, fragte Peter.

„Ich hab‘ mit ihr geredet, du Idiot!“

Peter öffnete und schloss stumm den Mund, um anzudeuten, wie er sich das Gespräch vorstellte. Fred stieß ihm die flache Hand vor die Brust. Ihn verband mit dem Mädchen durchaus mehr als ein Besuch beim Tanz.

„Spinnst du?“

„Du spinnst. Antje ist tot, verstehst du? Sie war eine von uns, von der Insel.“

„Sie war ’n Fisch.“

„Sie war ’n Inselfisch. Bestell dir ’n Bier und hau ab. Ich will wissen, wer sie kaltgemacht hat.“

„Das wissen wir noch nicht“, sagte Fräulein Schädlich. „Worüber haben Sie mit der Antje zuletzt gesprochen? Hatte sie Ärger? Wurde sie bedroht?“

„Sie hat manchmal mit Typen vom Festland abgehangen. Das konnte ja nicht gutgehen“, sagte Fred. „Ich hab’s ihr gesagt, habe sie gewarnt. Aber sie wollte ja nicht hören. Sagte, es wäre wichtig.“

„Was für Typen?“, fragte Fuchs, der sich ein wenig überflüssig vorkam.

„Nannten sich *Liga für Bewahrung der Natur.* Spinner. Wollten, dass der Æther nicht mehr gefördert wird. Redeten immer nur über Gefahr. Einmal, das weiß ich noch, hat einer von denen wie ein Wilder getobt. Hat immer wieder gesagt, er will Beweise haben. Und Antje meinte, sie bräuchte Zeit. Da ist der ausgerastet. Ist auf dem Strand rumgesprungen wie ein Irrer.“

„Sie haben das beobachtet?“

„Ich war mit ihr verabredet und ein bisschen früher da. Wir haben uns immer am Südstrand getroffen, wenn Flut war. Unten bei Morsum.“

„Gut, wir werden uns mal mit diesen Leuten unterhalten, die Sie erwähnt haben. *Liga für Bewahrung der Natur*, richtig?“ Fuchs hielt es für an der Zeit, die gastliche Stätte zu verlassen.

Fräulein Schädlich sah erst ihn kurz an und lächelte danach Fred freundlich zu. „Danke, dass Sie uns geholfen haben.“ Ihr nächster Blick galt Peter, der mit steinerner Miene breitbeinig auf einem Stuhl saß. „Und Sie bleiben hübsch friedlich.“

Der hatte nicht mehr als ein Knurren und einen scheelen Blick für die Beamten übrig, als diese den Raum verließen.

Sie fuhren zur Dienststelle der örtlichen Polizei zurück. Hauptkommissar Lüders zeigte sich sehr erfreut, sie heil und gesund wiederzusehen. Bereitwillig erzählte er ihnen von der Gruppe Idealisten, die sich den Namen *Liga für Bewahrung der Natur* gegeben hatten.

„Sie glauben", sagte er, „wir müssten unsere Einstellung zum Æther gründlich überdenken. Viele, so ihre Ansicht, sähen nur eine Quelle für Reichtum in ihm, aber er berge auch Gefahren ..."

„Das ist unbestritten", sagte Fuchs. „Wer wüsste das besser als wir?"

„Diese Leute versuchen, die missbräuchliche Verwendung von Æther aufzudecken", sagte Lüders.

„Das ist unter anderem Aufgabe des Amtes", entgegnete Fuchs.

„Ich weiß. Aber sie meinen, das Amt sei zu lax, prüfe nicht ausreichend. Immer wieder flattern mir Anzeigen auf den Schreibtisch, weil ein paar dieser Brüder irgendwo eingebrochen sind. Sie reden sich dann damit raus, Beweise gesichert zu haben."

„Trauen Sie denen zu, Antje Nähter getötet zu haben?"

Lüders schüttelte den Kopf. „Eigentlich nicht. Für die sind Veränderte bedauernswerte Opfer einer geldgierigen Ætherindustrie."

„Wissen Sie inzwischen was über diese Fabrik, in der die Tote gearbeitet hat?", fragte Fuchs.

„Fischfabrik Detlef Joost in Husum. Dort landen täglich mehrere Kutter voll Fisch und Krabben. Werden dort verarbeitet und größtenteils in Dosen gefüllt."

Fuchs kratzte sich am Kinn. „Da kann die Frau Nähter aber nicht mit Æther in Kontakt gekommen sein", erklärte er. „Es sei denn ..."

„Was?", wollte Lüders wissen.

„... wenn es nicht sauber zuginge in dem Laden."

Lüders winkte ab. „Da sind jedes Vierteljahr Überprüfungen." Er starrte Fuchs durchdringend an. „Sie glauben doch nicht, da wird mit Æther an Lebensmitteln gepanscht?"

„Wenn doch und Frau Nähter hätte dafür Beweise gehabt, wäre das ein gutes Motiv", mischte sich die Hauptwachtmeisterin ein.

„Ne. Also, ne!" Lüders schüttelte den Kopf. „Ich kenne noch den alten Joost. Der hat die Firma gegründet. Legte immer großen Wert auf Ordnung und Sauberkeit. ‚Fangfrisch wie an der See' ist das Motto der Firma. Was soll da überhaupt Æther bei?"

„Es gibt Untersuchungen, dass sich Lebensmittel damit besser konservieren lassen. Aber natürlich sind die Einflüsse des Æthers auf den Konsumenten viel zu wenig geklärt, als dass man solches Essen zum Verzehr freigeben könnte. Wer leitet heute die Firma?"

„Detlef Joosts Ältester. Hat in Hamburg studiert." Man hörte der Stimme Lüders' an, dass er von dem Sohn weniger hielt als von dessen Vater. Dennoch schüttelte er den Kopf und wiederholte. „Aber ne. Ich glaube das nicht."

„Wir werden uns mal mit den Leuten von dieser Liga unterhalten und diese Fabrik mal ansehen", erklärte Fuchs. „Das heißt, wenn Sie uns noch einmal einen Wagen überlassen."

„Natürlich", sagte Lüders. „Sie und Ihre Kollegin kann ich sowieso von nichts abhalten. Das habe ich bereits bemerkt." Er klang ein wenig säuerlich bei dieser Bemerkung.

Eine halbe Stunde später ließ Hauptwachtmeisterin Schädlich den Wagen über eine Rampe auf einen eigens für den Transport von Automobilen gestalteten Eisenbahnwagon rollen. Fuchs blickte während der Fahrt über den Kaiserdamm zum Festland hinüber entspannt auf die vorbeiziehende Wattenlandschaft. Am anderen Ufer angekommen, wandten sie sich nach Süden und folgten der Beschreibung Lüders' zum Versammlungsort der *Liga für Bewahrung der Natur*. Es handelte sich um ein einsames Bauerngehöft auf halbem Weg zwischen Niebüll und Maasbüll. Rings um sie herum breitete sich flaches Land aus, das teilweise als Acker, teilweise als Weide für Schafe genutzt wurde. Ein paar grasten friedlich in der Nähe, während die Hauptwachtmeisterin den Wagen an den Rain fuhr und hielt.

Wenig später standen sie in der Stube einer Kate und wiesen ihre Ausweise vor. Außer ihnen befanden sich vier Männer und eine Frau im Raum, keiner von ihnen älter als dreißig, alle steckten in handgestrickten Pullovern und trugen Drillichhosen.

Fuchs wies seinen Ausweis vor und nannte ihre Namen.

„Was wollen Sie von uns?" Diese Leute schienen nicht wesentlich begeisterter als die Typen aus dem *Tortuga* zu sein, es mit dem Amt für Ætherangelegenheiten zu tun zu haben.

„Es geht um eine junge Frau, Antje Nähter. Kennen Sie die?"

„Klar. Was ist mit Antje?"

„Sie ist tot. Jemand hat sie erstochen."

Die junge Frau schluchzte, die vier Männer sahen sich teils überrascht, teils erschrocken an.

„Wer war das?"

„Das wollen wir gemeinsam mit der Sylter Polizei herausfinden", sagte Fuchs. „Wann haben Sie zuletzt mit Fräulein Nähter gesprochen?"

„Vorige Woche", sagte einer der jungen Männer. Er war schlank, blondgelockt und einen halben Kopf größer als die meisten seiner Mitstreiter.

„Sie sind?"

„Markus Weniger. Ich leite die Gruppe."

„Man sagte uns, Sie oder jemand anderes von Ihnen habe Streit mit Antje gehabt."

„Wer sagt so etwas?" Der junge Mann hob die Stimme.

„Das tut nichts zur Sache", erklärte Fuchs. „Stimmt es?"

„Antje wollte, dass wir gegen die Fischfabrik vorgehen. Sie hat behauptet, dort würde man Æther zur Konservierung verwenden", erklärte Weniger.

„Was meinen Sie mit ‚vorgehen'?", wollte Fuchs wissen.

„Wir sollten eine Blockade des Werkes organisieren, keine Konserven mehr rauslassen. So etwas in der Art."

„Das ist illegal", sagte Fräulein Schädlich. „Sie sollten so etwas lieber lassen und Vergehen uns melden."

Weniger winkte ab. „Ach, das Amt kümmert sich doch erst drum, wenn es zu spät ist. Gerade hier oben. Die nächste Außenstelle ist in Hamburg. Bis da einer mal in Husum anklopft, haben die längst alle Beweise beiseite geschafft."

„Sie können das Gesetz nicht in die eigenen Hände nehmen“, sagte Fuchs.

„Darum habe ich gesagt, dass ich Beweise brauche. Wenn wir welche vorlegen können, stehen wir gut da. Ein Wink an die Presse und alle sind auf unserer Seite. Aber Antje meinte, die müssten wir selbst beschaffen, sie käme nicht mehr rein, jetzt, wo sie eine Veränderte ist. Sie hat mich einen Verräter an der Sache genannt, eine Bangbüchs. Da bin ich wütend geworden.“

„Wann war das?“

„Vor fünf Tagen. Danach habe ich die Antje nicht mehr gesehen.“

„Sonst jemand?“, fragte Fräulein Schädlich.

Kollektives Kopfschütteln antwortete.

„Sind Sie oder die Gruppe zur Fabrik nach Husum gefahren, um die Angaben zu überprüfen?“, fragte Fuchs.

„Ja, aber wir haben nichts erreicht.“ Die junge Frau hatte sich zu Wort gemeldet. „Ich wollte gestern deswegen nochmal mit Antje reden, aber die war nicht zu Hause. Sie lebte seit ihrer Veränderung in einem alten Bootsschuppen bei Morsum. Da hatte sie Zugang zum Wasser.“

Fuchs schaute Weniger an. „Sie wussten von diesem Treffen?“

„Ja. Wir haben nach dem Streit gemeinsam beraten, wie wir weiter vorgehen wollen. Katrin sollte noch mal mit der Antje reden und Fritz und Georg sind gleich nach Husum gefahren, um sich da ein bisschen umzusehen.“ Er deutete auf zwei junge Männer an seiner Seite.

„Sie waren bei dieser Fischfabrik?“, fragte Fuchs einen der beiden. „Und? Was gefunden?“

„Wir sind nicht weit gekommen“, sagte der Angesprochene. „Das Gelände ist gesichert, als gehöre es dem Militär.

Stacheldrahtzaun ringsherum. Und die Wache am Tor hat uns angeblafft, wir sollten verschwinden."

„Sie haben nicht versucht, nachts heimlich wiederzukommen?", fragte Fräulein Schädlich mit einem treuherzigen Augenaufschlag, „Ich hätte nicht gedacht, dass Sie sich so schnell entmutigen lassen."

Der junge Mann schaute auf seine Schuhspitzen.

„Die Antwort genügt mir", sagte Fräulein Schädlich. „Und? Was ist dabei herausgekommen?"

„Nichts!", platzte der andere junge Mann heraus, auf den Weniger zuvor gedeutet hatte. Er hatte eine frische Platzwunde an der Stirn und geschwollene Lippen. „Ich war allein drin, aber die Wache hat mich erwischt und ziemlich vermöbelt. Sie haben gedroht, die Polizei zu rufen, mich dann aber doch wieder rausgelassen."

Sie kehrten zum Wagen zurück. „Ziemlich rabiates Vorgehen für eine Fischfabrik", sagte Fräulein Schädlich, nachdem sie eingestiegen waren.

„Nicht, wenn die wirklich mit Æther an Lebensmitteln arbeiten. Seit den Vorfällen mit dieser Praline, die Leute in den Tod getrieben hat, wird das strengstens geahndet", erklärte Fuchs. „Wenn da was dran ist und jemand es uns meldet, ist diese Bude schneller dicht, als die Matjes sagen können."

„Dann haben wir ja ein erstklassiges Motiv, oder?"

„So nennt man das. Ja."

„Dann nichts wie los", sagte Fräulein Schädlich und startete den Motor.

Emsige Betriebsamkeit empfing die Beamten, als sie am Tor der Fischfabrik Detlef Joost ankamen. Leute schleppten Kisten zu Lastwagen, andere trugen Tröge voller Fisch aus einem Gebäude in ein gegenüberliegendes. Alles ging mit einer gewissen Hektik vor sich, als stünden Teile der Anlage in Brand und Dinge müssten in Sicherheit gebracht werden.

Die Beamten stiegen aus, gingen zum Pförtner und zeigten ihre Ausweise vor. „Wir wollen mit dem Chef der Firma sprechen", erklärte Fuchs entschieden. Er reckte sich, um seiner Erscheinung mehr Autorität zu verleihen.

„Warten Sie einen Augenblick, ich melde Sie an." Der Pförtner griff zum Telefonhörer, wählte eine Nummer und gab durch, wer vor dem Tor wartete. „Es kommt jemand und holt Sie ab", sagte er schließlich nach dem Telefonat.

Fünf Minuten später erschien ein rundlicher Mann mit einem Walrossschnauzer, der sich als „Berthold Rademacher, Betriebsleiter" vorstellte. „Sie wollten mich sprechen?"

„Nein, wir wollten den Herrn Joost sprechen", sagte Fuchs.

„Herr Joost ist derzeit leider dienstlich in Holland, aber ich kann Ihnen ebenfalls alle Auskünfte zu unserer Firma geben, die Sie benötigen. Folgen Sie mir bitte."

Herr Rademacher geleitete sie über den Hof zu einem einzelnstehenden Gebäude, das wie ein gewöhnliches Wohnhaus mit Reetdach aussah. „Nach Ihnen", sagte er, als er die Haustür öffnete.

Sie traten ein, er folgte ihnen, überholte sie und geleitete sie in ein modern eingerichtetes Büro. Der Bauhausstil bestimmte die Einrichtung. Rademacher trat auf eine Sitzgruppe zu und deutete auf die Stühle. „Nehmen Sie Platz." Anschließend setzte er sich selbst. „Was also führt Sie zu uns?"

„Kennen Sie eine Antje Nähter?", fragte Fuchs.

„Tut mir leid, nein."

„Sie war eine Ihrer Angestellten."

„Ich kann unmöglich alle unsere Mitarbeiter persönlich kennen, leider." Rademacher schaute bedauernd.

Es klopfte und unmittelbar danach steckte ein junger Mann den Kopf zur Tür herein. „Ich wollte nur Bescheid geben, dass wir alles verladen haben", sagte er.

„Ja, ja, ich habe jetzt keine Zeit." Rademacher winkte den Mitarbeiter eilig fort. „Ich komme zu Ihnen, wenn die Herrschaften vom Amt wieder fort sind."

Die Tür wurde wieder geschlossen, Rademacher entspannte sich.

„Frau Nähter ist tot", sagte Fuchs und lehnte sich vor. „Erstochen. Man sagte uns, sie habe verbreitet, in Ihrer Firma würden Lebensmittel mit Æther behandelt."

„Eine dreiste Lüge." Rademacher straffte sich. „So leid mir die Frau tut, aber so eine Unterstellung entbehrt jeder Grundlage. Wie kommt jemand auf so eine Idee?"

„Vielleicht, weil er sich verändert hat, nachdem er ein paar Monate bei Ihnen gearbeitet hat?", mutmaßte Fräulein Schädlich. Den erfahrenen Fischer musste ihr derzeitiges Lächeln an einen Raubfisch erinnern.

„Das ist wohl eher passiert, weil Sie sich mit diesen Verrückten von der *Liga für Bewahrung der Natur* herumgetrieben hat. Die Kanäle führen genug Süßwasser für Æther."

„Ich dachte, Sie kennen Frau Nähter nicht?" Fuchs bemühte sich, überrascht zu wirken, obwohl er Rademacher kein Wort glaubte.

„Wer sonst sollte Unsinn über unsere Firma verbreiten?", erwiderte der Betriebsleiter glatt.

„Wir würden uns gern auf dem Gelände ein wenig umsehen." Fuchs stand halb von seinem Sitz auf. „Sie haben gewiss nichts dagegen."

„Nein, natürlich nicht." Rademacher sprang auf. „Ich zeige Ihnen alles."

„Wir würden uns lieber allein ein Bild machen."

„Hmm ... Soso. Ja, dann ..." Der Betriebsleiter wirkte aus dem Konzept gebracht. Er eilte zur Tür, riss sie auf und deutete hinaus. „Ich hoffe, Sie finden den Kerl, der diese Frau auf dem Gewissen hat. Alle unsere Mitarbeiter sind wie eine Familie."

„So ein Schleimer", sagte Fräulein Schädlich, als sie wieder auf den Hof traten.

„Und sehr nervös. Ich würde zu gern wissen, was da so emsig verladen wurde."

„Sehen wir uns doch die Ladung mal an." Zielstrebig ging die Hauptwachtmeisterin auf einen der Lastwagen zu, die abfahrbereit auf dem Hof standen. Neben diesem standen zwei Männer von ähnlichem Format, wie sie ihnen bereits in der Bar *Tortuga* begegnet waren.

Fuchs und Schädlich zückten ihre Ausweise, nannten Namen und Dienstgrad und verlangten Einblick in die Ladung.

„Was denkt 'n ihr, was wir geladen haben? Goldbarren?", fragte einer der beiden.

„Ich würde tote Fische erwarten", sagte die Hauptwachtmeisterin und schaute Fuchs an, als erwarte sie auch von diesem einen Diskussionsbeitrag.

„Machen Sie mal die Ladeklappe auf", forderte der Kommissar die Männer auf. Sichtlich wiederstrebend folgten sie der Anweisung.

Die Beamten kletterten auf die Ladefläche, Fräulein Schädlich öffnete ihre Handtasche und holte den sogenannten Æbservator hervor. Dabei handelte es sich um ein Gerät von Größe und Aussehen einer Taschenlampe, mit dem geringe Spuren von Æther sichtbar gemacht werden konnten. Im blassroten Licht des Gerätes zeigten sich deutliche dunkle Schlieren an den Kisten. Besonders stark waren sie an einer von ihnen in der entferntesten Ecke der Ladefläche.

„Meine Güte“, sagte Fräulein Schädlich und beugte sich nach unten aus dem Wagen. „Ist Ihre Firma umgestiegen? Machen Sie jetzt Ætheranlagen?“

Die beiden Männer schauten zu ihr hinauf. „Wir wissen von nichts. Wir haben nur aufgeladen, was uns aufgetragen wurde.“

„Aha. Und wo haben Sie das alles eingesammelt? Führen Sie uns mal ein wenig herum.“ Sie sprang wieder vom Fahrzeug, Fuchs folgte ihr auf dem Fuße.

Die Männer draußen wirkten trotz ihrer Statur eingeschüchtert. Eilig gingen sie voraus in Richtung der Fabrikhallen. Dort versuchten zwei Mitarbeiter gerade, eine große Metallflasche in einem Karton zu verstauen. Als sie die Begleiter ihrer Kollegen sahen, bemühten sie sich, das Objekt mit ihren Körpern zu verdecken.

„Was haben wir denn da?“

„Propan“, sagte einer der Männer und schloss die Kiste, ehe die Beamten einen weiteren Blick auf die Flasche werfen konnten.

„Um was wollen wir wetten, dass ich das Propan in der Kiste in wenigen Sekunden in Æther verwandeln kann“, sagte Fräulein Schädlich. „Öffnen Sie die Kiste wieder und gehen Sie zur Seite.“

Kollektives Seufzen der Fabrikarbeiter antwortete.

„Wir können nichts dafür. Anweisung von oben.“

„Jemand hat also Bescheid gegeben, dass wir hier anrücken“, stellte Fuchs fest.

„Sieht ganz danach aus", sagte Fräulein Schädlich.

„Fahren wir zurück?"

„Sie haben einen Verdacht?"

„Sie nicht?"

Fräulein Schädlich lächelte unergründlich. „Gehen wir", sagte sie. Die Fabrikarbeiter atmeten auf.

Sie saßen im Polizeirevier von Sylt, Kommissar Fuchs, Hauptwachtmeisterin Schädlich und Hauptkommissar Lüders. Ein weiterer Beamter stand an der Tür und achtete darauf, dass der Mann, der zur Vernehmung vor Ort war, nicht einfach verschwand. Draußen war inzwischen die Sonne hinter dem Horizont versunken.

„Sie heißen?", begann der Hauptkommissar.

„Fritz Arhusen."

„Sie wohnen wo?"

„In Niebüll."

„Wo waren Sie am vorgestrigen Abend?"

„Zu Hause, wo sonst?"

„Tja, wo sonst?" Fräulein Schädlich klang nachdenklich, als sie das sagte. Sie beugte sich zu Arhusen vor. „Warum versuchen Sie es nicht mit der Wahrheit? Wir wissen inzwischen, dass Sie an diesem Abend noch einmal nach Sylt hinübergefahren sind. Es gibt Zeugen, die Sie am Bahnhof von Niebüll gesehen haben. Sie wollten mit Antje reden, stimmt's? Weil sie dahintergekommen ist, dass Sie sich an die Firma Joost verkauft haben."

„Sie hat mich erpresst, hat gesagt, sie plaudert alles aus, wenn ich sie nicht beteilige." Arhusen schniefte und rieb die

Wunde an seiner Stirn. „Die haben mich erst durch die Mangel gedreht und dann zum Chef geschleppt. Der hat gesagt, ich könnte mit einem Kutter fahren und dabei leider über Bord fallen oder ich könnte mir ein gutes Handgeld verdienen. Was hätte ich denn machen sollen?"

„So tun, als würden Sie einwilligen, und dann alles der Polizei erzählen", schlug Fuchs vor.

„Die hätten mich irgendwann drangekriegt", jammerte Arhusen.

„Und jetzt kriegen wir Sie dran", sagte Lüders. „Wegen Mordes. Ich werde da sein, wenn man Ihnen den Strick um den Hals legt, Freundchen." Er winkte dem Wachposten an der Tür. „Bringen Sie ihn raus. Wenn ich noch länger mit ihm in einem Raum bin, vergesse ich mich am Ende."

Der Polizist salutierte, nahm Arhusen am Arm und blaffte: „Komm mit, Freundchen."

„Was wird mit der Firma Joost?", fragte Lüders, nachdem man den Gefangenen abgeführt hatte.

„Da werden wir auch aufräumen", sagte Fuchs.

„Ich danke Ihnen." Die drei Beamten schüttelten einander die Hände. „Kann ich Sie zum Essen einladen? Bei mir zu Hause. Es gibt Scholle."

„Aber nur, wenn die nicht von Joost ist."

„Wo denken Sie hin? Die holt meine Frau immer ganz frisch von einem Fischer hier von der Insel." Lüders sah stolz aus bei diesen Worten.

Erdgeschoss

„Du bist verrückt." Georg Gambetti warf die Hände in einer Geste der Frustration in die Luft und funkelte seinen Bruder kampflustig an. Wenn er in dessen Gesicht sah, war es wie ein Blick in einen Spiegel. Er blickte in seine wasserblauen Augen, schaute auf seine schmale Nase, seine dunklen, lockigen Haare.

„Wir müssen mit der Zeit gehen, müssen endlich neue Wege beschreiten", erwiderte Peter. „Du kennst die Zahlen so gut wie ich. Die Verkäufe gehen Jahr für Jahr zurück."

„Deswegen werde ich nicht den Irrweg gehen, den du vorschlägst. Wir produzieren seit nahezu fünfzig Jahren im Schwarzwald venezianisches Glas. Wir werden nicht anfangen mit Æther zu experimentieren. Jeder Glasbläser im Umkreis von hundert Kilometern weiß, wie es bei Bischoff-Glas ausgegangen ist."

„Du redest wie Großmutter", sagte Peter.

„Sie hat aufgebaut, was die Gambetti-Glaswerke heute sind."

„Und ich will die Firma einen Schritt weiterbringen." Peter sah auf die Uhr. „Es ist spät. Ich muss noch ein paar Abrechnungen durchgehen. Wir reden morgen noch einmal darüber."

„Morgen wird sich mein Standpunkt nicht verändert haben. Wir können gern neue Wege gehen. Neue Farben, neue Formen, neue Produkte. Aber nichts, Peter, nichts mit Æther. Wir können durchaus an Laborartikeln für solche Firmen arbeiten, aber ich will dieses Zeug nicht in unserem Glas haben." Georg wirkte sehr entschlossen, seinem Bruder in dieser Sache nicht nachzugeben.

Peter nickte und verließ wortlos die Werkstatt.

Georg trat an eine Werkbank. Er nahm einige der Farbproben aus dem Regal darüber zur Hand und verglich sie mit den fertigen Vasen vor sich. Verspielte Wirbel aus Farben wie in einem Opiumrausch schmückten die Stücke.

Es klopfte an der Tür. Erst normal, dann donnerte offenbar jemand mit einer Faust dagegen, als wolle er sie einschlagen. Bevor Georg reagieren konnte, wurde sie aufgerissen und ein Hüne trat in den Raum. Er musste sich unter dem Türsturz hindurchbeugen, um in die Werkstatt zu treten. Nach zwei raumgreifenden Schritten stand er direkt vor Georg.

„Habe ich dich“, donnerte der Riese.

„Wer sind Sie? Was wollen Sie von mir?“ Georg blickte den Fremden staunend an. Der Mann war deutlich größer als zwei Meter, breit wie ein Brennofen und an Armen und auf der Brust behaart wie ein Affe, soweit dies zu erkennen war.

„Ich will, was mir gehört. Wir hatten einen Handel und der wird erfüllt werden.“ Die Stimme war dumpf, als käme sie aus einer tiefen Höhle.

„Wovon reden Sie?“ Georg starrte den Fremden, den er nie zuvor gesehen hatte, verwirrt an.

„Mir wurde etwas gestohlen, was ich rechtmäßig erworben habe. Ich hole es mir zurück.“

Georg schüttelte den Kopf. Er verstand kein Wort.

„Ich werde jetzt die Polizei rufen“, sagte Georg und wandte sich in Richtung des Schreibtisches an der anderen Seite des Raumes. Dort stand ein Fernsprecher.

„Du wirst mir geben, was mir gehört“, sagte der Riese, seine Hand schnellte vor.

Georg spürte einen Schlag gegen die Brust, seine Welt wurde schwarz und er stürzte zu Boden. Der Riese starrte den Körper ein paar Sekunden an, dann beugte er sich nieder, nahm etwas an sich und steckte es in eine Tasche seiner Jacke. Anschließend verließ er den Raum. Erneut musste er sich unter der Tür durchbeugen.

„Was sollen wir dort?“ Fuchs sah seinen Vorgesetzten an, als hielte er diesen für übergeschnappt. „Soweit ich es verstanden habe, geht es um einen ganz normalen Überfall. Kein Æther, keine Veränderten. Eine schöne, saubere Sache für die örtliche Polizei.“

„Die Tatwaffe ist ein wenig seltsam“, sagte Gerber und lächelte süffisant.

„Sie sagten, der Mann wurde erschossen. Was ist daran seltsam?“

„Das Kaliber und das Material des Geschosses. Es handelt sich um einen großen, gebrannten Klumpen Tonerde. Die Kollegen von der Polizei werden ihn Ihnen sichern gern zeigen. Sie haben mir gesagt, so etwas hätten sie noch nie gesehen. Das Herz des Opfers wurde förmlich pulverisiert. Es ist praktisch nicht mehr da.“

„Nicht mehr da?“ Fuchs sah Gerber neugierig an.

„Jedenfalls behauptete der Leichenbeschauer, er könne es nicht mehr finden.“

„Vielleicht hat der Mörder es mitgenommen“, mutmaßte Fuchs.

„Wozu?“ Gerber schüttelte den Kopf. „Glaube ich nicht. – Egal, Sie und die Schädlich schauen sich den Schlammassel mal an. Wenn es wirklich ein gewöhnlicher Mord ist, kommen Sie schleunigst wieder zurück, verstanden?“

„Natürlich, Herr Amtsrat."

Nachdem Gerber den Raum verlassen hatte, machte sich Fuchs auf die Suche nach seiner Kollegin. Sie stand auf dem oberen Flur, plauderte mit einer anderen Beamtin und trank Kaffee. Als die beiden den Kommissar kommen sahen, sagte die Andere etwas zu Fräulein Schädlich, woraufhin beide kicherten.

„Ich freue mich, dass Sie beide Spaß haben", sagte Fuchs beim Nähertreten. „Ich hoffe, nicht auf meine Kosten."

„Wie kommen Sie auf diese Idee, Herr Kommissar?", fragte die Beamtin an der Seite des Fräuleins, Frau Amtsinspektor Weigand, erinnerte er sich. Sie arbeitete in der Registratur.

„Für einen Moment schien es so", sagte Fuchs. „Kommen Sie, Hauptwachtmeisterin, wir dürfen uns ein Erdgeschoss ansehen."

„Wie bitte?"

„Kommen Sie einfach mit, wir fahren nach Breitnau. Dort gibt es eine Leiche. Jemand wurde erschossen."

„Im Erdgeschoss? Aber warum ist das wichtig?"

„Nicht im – mit", sagte Fuchs.

Fräulein Schädlich runzelte die Stirn, schüttelte den Kopf, sah sich nach Frau Weigand um und sagte: „Was habe ich dir gesagt, Dagmar? Und solche Dinge erlebe ich jeden Tag."

„Du hast mein Mitleid, Diana." Die Amtsinspektorin lächelte aufmunternd.

Fuchs hatte sich inzwischen in Bewegung gesetzt und stand bereits ab der Treppe. „Wo bleiben Sie denn? Je eher wir oben sind, desto schneller sind wir auch wieder zurück. Ich habe heute noch einen Termin mit Doktor Trautmann, den ich ungern verpassen möchte."

Fräulein Schädlich zuckte mit den Schultern, winkte ihrer Kollegin zum Abschied und schloss sich Fuchs an.

Die Glasfabrik Gambetti in Breitnau bestand aus drei Gebäuden, die einen freien Platz umringten. Direkt gegenüber der Einfahrt und links davon gab es zwei langgestreckte Flachbauten, die aus einfachem Ziegel gemauert waren. Aus jedem von ihnen ragten zwei Schornsteine bis zu den Baumkronen hinauf. Dort, so vermutete Fuchs, befanden sich die Öfen, um Glas zu schmelzen. Das dritte Haus stand rechts und bildete einen Kontrast zu den beiden anderen, zweckmäßigen Bauten. Es handelte sich um ein typisches Schwarzwaldhaus mit einem Balkon, der sich über die gesamte Länge der Frontseite erstreckte. Für Touristen gab es Nachbildungen solcher Häuser als sogenannte Wetterhäuschen zu kaufen, die bei zu erwartendem Regen einen Mann mit Regenschirm zeigten und bei Sonne eine Frau mit Bollenhut.

„Warum müssen immer wir Männer für das schlechte Wetter geradestehen?“, fragte Fuchs gedankenverloren.

Fräulein Schädlich sah ihn verwundert an. „Wovon reden Sie?“

„Ach nichts, ich war in Gedanken.“

Ein Polizist in Uniform trat auf sie zu. „Tut mir leid, aber die Glasfabrik ist heute geschlossen.“

Fuchs und Schädlich zückten ihre Ausweise.

„Oh, ich dachte, Sie wären Touristen, die eine Besichtigung möchten.“ Er deutete zu dem Wohnhaus. „Kommen Sie, der Inspektor erwartet Sie bereits.“

Sie wurden in ein großzügig mit Eichenmöbeln vollgestelltes Büro geführt, dessen Fenster auf die beiden Flachbauten gegenüber blickten. Hinter einem klobigen Schreibtisch mit Löwenfüßen saß ein Mann von etwa fünfunddreißig Jahren mit lockigen, dunklen Haaren und Augenringen, die auf eine schlaflose Nacht hindeuteten. Er erhob sich halb und hielt ihnen eine Hand zur Begrüßung hin. „Peter Gambetti", sagte er.

Vor dem Schreibtisch stand ein Mann in einem Anzug von der Stange, der außerdem so aussah, als gehöre er jemandem, der wenigstens eine Kleidergröße größer war. Er wandte sich um und nickte ihnen zu. „Inspektor Tiebald. Sind Sie die Herrschaften vom Amt für Ætherangelegenheiten?"

Fuchs bejahte. Sie zeigten erneut ihre Ausweise.

„Freut mich", sagte der Inspektor. „Natürlich weiß ich nicht, ob es sich überhaupt um einen Fall für das Amt handelt. Aber die Umstände sind zumindest seltsam." Er wandte sich an Gambetti. „Sie haben als letzter mit Ihrem Bruder gesprochen. Könnten Sie noch einmal schildern, worum es dabei ging?"

Während der junge Mann erzählte, sah Fuchs sich im Raum um. Auf fast jeder waagerechten Fläche standen Objekte aus farbigem Glas – Vasen, Figurinen, Schalen, Gläser, Tierskulpturen. Davon war nur der Schreibtisch ausgenommen, der einige Papiere und eine Schreibmaschine beherbergte.

„Es war schon recht spät", berichtete Peter Gambetti. „Ich hatte meinem Bruder einen Vorschlag hinsichtlich einer neuen Produktlinie gemacht. Es ging um Æthergläser für Laboratorien. Er war nicht einverstanden."

„Sie haben gestritten?", fragte der Inspektor.

„Nein, nicht richtig gestritten. Verstehen Sie, mein Bruder war der kreative Kopf der Firma, ein begnadeter Künstler, wenn es um Glas ging …"

„Diese Stücke sehen venezianisch aus", mischte Fuchs sich ein und deutete zu einer der Vitrinen hinüber, neben der eine Reihe Bilder hingen, die wohl eine Ahnenreihe der Glashütte darstellten.

„Ja. Unser Großvater kam aus Venetien. Wir verbinden die Glasmacherkunst zweier Welten." Gambetti sah zum Inspektor zurück. „Wovon sprachen wir gerade?"

„Sie wollten von dem Streit mit Ihrem Bruder erzählen?"

„Nein, kein Streit. Sehen Sie, Georg war kein Geschäftsmann. Das war mein Ressort. Ich kann mit Glas nicht gut umgehen. Aber ich weiß, wie man Zahlen handhabt. Also hat er die künstlerische Leitung gehabt, ich die buchhalterische. Und als Buchhalter habe ich gesagt, wie müssen neue Geschäftsfelder erschließen."

„Aber Georg wollte nicht."

„Nein, er wollte nicht. Er ist … war Künstler, ein Traditionalist. Das Neue hat ihm Angst eingejagt. Wenn ich heute noch einmal in Ruhe hätte mit ihm reden können, wäre er einsichtig geworden. Bestimmt."

„Eine sehr schöne Frau", sagte Fuchs und deutete auf eines der Bilder.

„Unsere Großmutter. Sie war die älteste von vier Töchtern und hat Großvater geheiratet, der aus Venetien nach Deutschland kam, um seine Waren anzubieten. Da erhielt die Glashütte auch ihren jetzigen Namen."

„Ist die Glaskunst der Venezianer nicht ein Geheimnis, das streng gehütet wird?", fragte Fuchs.

„Nun, Großvater war, wie ich schon sagte, Venezianer und damit sind wir es in gewisser Weise auch."

„Denken Sie an die Mafia?“, raunte Fräulein Schädlich Fuchs zu.

„Ich weiß nicht. Wir wissen zu wenig.“ Er blickte zum Inspektor. „Warum haben Sie das Amt herbestellt?“

„Hat das nicht Zeit?“

„Zeit ist kostbar“, erwiderte Fuchs. „Ich habe heute noch einen Termin.“

„Dann kommen Sie mit.“ Der Inspektor trat an ihnen vorbei und ging Richtung Tür. Er winkte, ihm zu folgen.

„Warum so geheimnisvoll?“, fragte Fuchs, als sie auf dem Hof standen.

„Ich wollte vor dem Bruder des Verstorbenen ungern die blutigen Details auswalzen. – Hören Sie zu. Die Leiche liegt inzwischen in Freiburg im Leichenschauhaus. Inzwischen wurde vermutlich sogar die Autopsie schon durchgeführt. Dort kann man Ihnen alles sagen, was Sie wissen müssen. Nur so viel von mir: Wer immer Georg Gambetti getötet hat, muss ein krankes Hirn haben.“

„Und Sie meinen, dann kann es nur ein Veränderter gewesen sein, oder?“ Fuchs hielt seinen Zorn über so ein Vorurteil nur wenig zurück.

„Nein, das meine ich nicht. Aber es besteht die Möglichkeit, nicht wahr?“

„Möglichkeiten gibt es zu Beginn eines neuen Falls immer viele“, sagte Fräulein Schädlich versöhnlich und strich sich eine vorwitzige Locke hinters Ohr. Sie schaute zu Fuchs. „Das sehen Sie doch auch so, Herr Kommissar.“

Fuchs brummte nur zur Antwort.

„Dann machen wir uns mal auf den Weg nach Freiburg“, sagte Fräulein Schädlich und ging bereits Richtung Auto.

„Wir melden uns bei Ihnen, sobald wir uns ein Bild machen konnten“, sagte Fuchs. Er mied den Blick des Inspektors.

Als sie in Freiburg ankamen, hatte Fuchs schweißnasse Hände. Wie üblich hatte Fräulein Schädlich viel Freude am Gaspedal gehabt und wie ebenfalls üblich, trieb dies dem Kommissar den Schweiß aus allen Poren.

„Sie haben gesagt, Sie haben es eilig“, verteidigte die Hauptwachtmeisterin ihren Fahrstil.

„Das bedeutet nicht, dass ich als Engelchen zu meinem Termin erscheinen möchte“, erwiderte Fuchs. „Na, komme Sie, sehen wir uns den toten Herrn Gambetti an.“ Er eilte dem Fräulein voraus in Richtung Leichenhalle.

Der Gerichtsmediziner erwartete sie bereits. Offenbar hatte der Inspektor sie telefonisch avisiert. „Das ist ein sehr interessanter Fall“, sagte er nach einer kurzen Begrüßung. „Kommen Sie mit mir und sehen Sie es sich an. So etwas ist mir in meiner bisherigen Laufbahn noch nicht untergekommen.“

Er führte die Beamten in einen deckenhoch gekachelten Raum, der mehrere metallene Tische beherbergte. Auf einem von ihnen lagen die sterblichen Überreste eines Mannes, der jenem wie ein Ei dem anderen glich, den sie in der Glashütte getroffen hatten. Der Gerichtsmediziner nahm ein Klemmbrett und eine Brille zur Hand. Diese setzte er auf, dann studierte er kurz seine Notizen. Er deutete auf den geöffneten Brustkorb des Toten.

„Die Verletzung wurde durch einen plötzlichen Einschlag ähnlich wie bei einer Schussverletzung erzeugt. Allerdings war das Geschoss wesentlich größer als jedes mir bekannte Kaliber. Auch das Material ist ungewöhnlich. – Warten Sie kurz!“ Er ging zu einem weißen Schrank, öffnete ein Schubfach und holte etwas heraus. Damit kehrte er zu den Beamten zurück und hielt es ihnen unter die Nase. „Sehen Sie?“

Sie sahen, dass es sich um einen etwa faustgroßen, weißen Klumpen handelte. Mit ein wenig Phantasie konnte man eine Herzform erkennen.

„Das Ding“, sagte der Gerichtsmediziner, „steckte in seiner Brust. Dafür fehlte sein Herz. Es mag ein wenig verrückt klingen, aber jemand hat sein Herz genommen und ihm das dafür gegeben. Dabei muss allerdings ein Hilfsmittel verwendet worden sein, um dieses Geschoss aus Tonerde in ihn hinein zu bekommen.“

„Warum kann er den Mann nicht einfach aufgeschlitzt haben?“, fragte Fräulein Schädlich.

„Der Herz liegt gut geschützt hinter den Rippen. Nur mit einem Messer kommt man da schlecht ran. Außerdem passen die Verletzungen nicht zu einem Schnitt.“

„Könnte jemand einfach so dieses Ding in seine Brust gesteckt haben? Ich meine, mit bloßen Händen?“, fragte Fuchs.

Der Gerichtsmediziner schaute ihn als, als hielte er ihn für schwachsinnig. „Was für eine Idee!“, sagte er schließlich. „Niemand kann so stark auf einen Brustkorb einschlagen. Nein, nein, wir haben hier ein Geschoss aus Tonerde.“

„Darf ich mal telefonieren?“, wollte Fuchs wissen. „Ich will den verantwortlichen Inspektor etwas fragen.“

Der Gerichtsmediziner deutete zu einem Schreibtisch am Fenster. „Bedienen Sie sich."

„Hallo", meldete sich Fuchs. „Kommissar Fuchs. Ich rufe aus Freiburg an. Sagen Sie, sind Sie im Schwarzwald heimisch? – Nein, das ist wichtig. – Ja? Oh, das ist gut. – Wissen Sie, wie die Glaswerke Gambetti früher hießen, bevor dieser Italiener eingeheiratet hat?" Fuchs lauschte. „Das habe ich mir gedacht. Danke, Herr Inspektor. Oh, und noch etwas. Passen Sie gut auf Peter Gambetti auf. Es könnte sein, dass ihn das gleiche Schicksal wie seinen Bruder erwartet. – Wie ich darauf komme?" Fuchs deutete unbewusst Richtung Leiche. „Hier liegt der falsche Bruder." Fuchs hörte noch ein paar Sekunden zu, dann verabschiedete er sich und legte auf.

„Kommen Sie, Fräulein Schädlich. Wir müssen zurück. Danke, Herr Doktor."

„Was haben Sie denn?", fragte die Hauptwachtmeisterin auf dem Weg zum Wagen.

„Angst um Peter Gambetti. Wir sollten heute Nacht in der Glashütte verbringen."

„Und Ihr Termin?"

„Hier geht es um ein Menschenleben." Er stieg in den Wagen und griff nach der Halteschlaufe rechts über seiner Schulter. „Der 12. August 1906 war doch ein Sonntag, oder?", fragte er, nachdem die Hauptwachtmeisterin sich hinter dem Steuer niedergelassen hatte,

„Woher haben Sie mein Geburtsdatum? Haben Sie in meinen Akten geschnüffelt?"

„Ich musste doch wissen, wen man mir zur Bewachung vor die Nase setzt. Gucken Sie nicht so pikiert. Ich weiß ziemlich gut, was Gerber von mir hält und warum er Sie eingestellt hat."

„Und? Wollen Sie mir nachträglich gratulieren?"

„Tut mir leid, ich hätte es tun sollen. Aber eine Woche ist ja nicht so lang her. Ich wünsche Ihnen alles Gute. Würden Sie eine Einladung zum Essen annehmen?"

„Das muss ich mir gründlich überlegen." Fräulein Schädlich startete den Motor, gab Gas und kurvte um die nächste Ecke, sodass es Fuchs gegen die Wagentür schmetterte.

„Haben Sie nur gefragt, weil Sie mir gratulieren wollten? Wohl kaum, oder?", sagte sie, als sie auf die Landstraße einbogen.

„Nein. Ich wollte wissen, ob Sie ein Sonntagskind sind und ob Sie die Verse kennen."

„Welche Verse?"

„Um das Glasmännlein zu rufen."

Fräuleins Schädlich trat auf die Bremse, dass es quietschte, wandte sich zu Fuchs um und fragte: „Sind Sie übergeschnappt? Wovon in drei Teufels Namen quatschen Sie da?"

„Stimmt ja, Sie sind ja nicht von hier." Fuchs rieb sich das Kinn. „Also, hören Sie zu: Es gibt eine Legende, eine alte Geschichte …"

„Ein Märchen", unterbrach Fräulein Schädlich.

„Ja. Bisher. Aber wie wir wissen, hat der Æther die Kraft, die Märchen unserer Kindheit wahr werden zu lassen. Sie wissen, was Erweckte sind, oder?"

„Ich bin jetzt lange genug beim Amt, danke."

„Also, es gibt dieses Märchen über einen Peter Munk, der auf zwei Zauberwesen des Schwarzwaldes zurückgreift, um sein Glück zu erzwingen – das Glasmännlein und den Holländer-Michel. Das erste gewährt ihm drei Wünsche, die er tölpelhaft vertändelt. Zumindest zwei davon. Naja, es kommt, wie es kommen muss. Die falschen Wünsche frommen ihm nicht. Da wendet er sich an den Holländer-Michel. Der ist ein simplerer Typ als das Glasmännlein. Keine Wünsche, nur Bares, reichlich. Allerdings muss Peter ihm dafür sein Herz geben. Als Ersatz bekommt er eines aus Stein, sagt die Geschichte."

„Damit kann keiner leben. So ein Unsinn." Fräulein Schädlich lachte hell.

„Ist ein Märchen. Hören Sie weiter. Der Peter hat jetzt ein kaltes Herz. Und so herzlos, wie er wortwörtlich ist, so herzlos wird er im übertragenen Sinne. Ein Schinder, Wucherer, Geizkragen. Schlägt Frau, Kind und Bedienstete. Am Ende schlägt er seine Frau sogar tot. Es reut ihn nicht, denn er hat halt kein Herz, aber er fürchtet die Strafe. Also ruft er das Glasmännlein und äußert als dritten Wunsch, alles möge wieder so sein, wie zu jener Zeit, als er sein Herz noch hatte. Und das Glasmännlein verrät ihm eine List, wie er sein Herz zurückbekommt. Die klappt, der Holländer-Michel steht betrogen da – kein Herz vom Peter und das Geld ist auch futsch. Die tote Frau wird schnell wieder lebendig und der Peter arbeitet wieder als Köhler oder Glasmacher. Da gibt es verschiedene Versionen der Geschichte."

„Und Sie meinen, unser Peter Gambetti ist dieser Peter Munk, oder was?"

„Nein, aber ein Nachfahre. Die Großmutter von Peter und Georg hieß noch Munk."

„Sie glauben doch nicht wirklich, was Sie mir da erzählen? Und was hat das mit meinem Geburtstag zu tun?"

„Das Glasmännlein gewährt nur Sonntagskindern seine Wünsche und wir werden es ..."

„Bitte, Kommissar Fuchs, hören Sie auf. Soll ich Sie ins nächste Krankenhaus bringen? Mir scheint, es geht Ihnen wahrhaftig nicht gut." Fräulein Schädlich startete den Wagen wieder.

„Schatzhauser im Tannenwald,
bist viel' hundert Jahre alt.
Dein ist all Reich, wo Tannen steh'n,
lässt dich nur Sonntagskindern seh'n."

Fuchs deklamierte die Verse still vor sich hin, während sie sich der Glashütte näherten.

Fräulein Schädlich schwieg eisern. Sie wollte sich von diesem Irrsinn nicht anstecken lassen. „Sie müssen sich die Verse merken", sagte Fuchs, erhielt aber keine Reaktion seiner Kollegin außer einem leisen Seufzen.

Sie erreichten die Glashütte bei Einbruch der Dunkelheit und fanden Peter Gambetti und den Inspektor im Büro des Hüttenbesitzers.

„Was haben Sie herausgefunden?", fragte der Polizeibeamte ohne Umschweife. „Warum haben Sie nach dem alten Namen der Glashütte gefragt?"

„Weil uns der Holländer-Michel die Ehre erweisen wird", sagte Fuchs.

„Sie spinnen ja. Das ist ein Märchen." Peter Gambetti starrte Fuchs grimmig an. „Wollen Sie sich über mich lustig machen? Wie kommen Sie dazu, hier hereinzuspazieren und solchen Mist abzusondern?"

„Sie wissen nicht, was wir beim Amt alles schon erlebt und gesehen haben", erwiderte Fuchs. „Æther lässt mehr Dinge Wirklichkeit werden, als wir uns in allen Märchen zusammen je erdacht haben. Der Holländer-Michel will eine alte Rechnung begleichen, er will sich das Herz von Peter Munk holen."

„Warum hat er dann Georg getötet?", fragte der Inspektor.

„Weil er ihn verwechselt hat. Sie und Georg sind eineiige Zwillinge. Da kann so etwas passieren."

Fräulein Schädlich packte Fuchs an der Schulter. „Können Sie mir auch erklären, mit was für einer Waffe er diesen Klumpen aus Tonerde in den Körper der Leiche befördert hat?"

„Mit der Faust. Wie sonst?"

„Haben Sie nicht gehört, was der Gerichtsmediziner gesagt hat? Das kann niemand mit bloßen Händen getan haben."

„Wir reden hier doch nicht von einem normalen Menschen, Fräulein Schädlich. Der Holländer-Michel ist ein Riese und er kann zaubern."

„Das erklärt natürlich alles", sagte der Inspektor in sarkastischem Ton.

„Überlegen Sie doch mal. Früher hat er Herzen sogar so ausgetauscht, dass der Mensch mit dem Stein in der Brust weiterleben konnte."

„Mein Kopf tut weh", sagte Peter Gambetti und hielt sich die Schläfen. „So ein Unsinn." Er stand auf. „Ich höre mir das nicht länger an. Ich muss mich um die Firma kümmern. Jetzt noch mehr, wo Georg nicht mehr ist." Er trat zu Fuchs. „Sie sind wahnsinnig."

Er wollte gerade einen weiteren Schritt Richtung Tür machen, als diese aufgestoßen wurde und ein Mann eintrat, indem er sich unter dem Türsturz hindurch duckte. Wenn jemand so aussah, wie man sich einen Riesen vorstellte, so dieser Neuankömmling. Georg hätte ihn wiedererkannt.

„Da bist du endlich, Peter Munk", grollte er.

„Mein Name ist Gambetti."

„Papperlapapp. Ein Munk bleibt ein Munk und ein Handel bleibt ein Handel."

„Sehen Sie", sagte Fuchs zu Fräulein Schädlich.

„Wer sind Sie? Was wollen Sie von Herrn Gambetti?", fragte der Inspektor in strengem Ton.

Statt einer Antwort holte der Riese mit der Rechten aus und schlug sie dem Polizeibeamten an den Kopf, sodass dieser zwei Schritte rückwärts gegen ein Regal taumelte. Zwei Vasen fielen heraus und zersplitterten am Boden. Der Inspektor fiel zur Seite in die Glasscherben hinein.

Der Holländer-Michel trat einen weiteren Schritt auf Gambetti zu, der eilig zwei Schritte rückwärts tat.

„Sie müssen es sagen", zischte Fuchs. „Jetzt!"

„Wer seid ihr?", dröhnte der Riese und schwang zu ihnen herum.

„Amt für Ætherangelegenheiten", ratterte Fräulein Schädlich mit geübter Stimme runter.

Der Holländer-Michel schnaubte nur und schwang seine Faust herum. Die Hauptwachtmeisterin konnte sich gerade noch unter der Pranke wegducken. Er ignorierte sie und wandte sich wieder zu Gambetti um. „Jetzt hole ich mir, was mein ist!"

Fräulein Schädlich bückte sich zu dem bewusstlosen Inspektor und nahm dessen Waffe an sich. „Halt, Sie Grobian! Oder ich schieße!"

Der Riese wandte den Kopf, runzelte die Stirn und schaute, die Drohung ignorierend, zu Gambetti zurück.

„Halt verdammt!" Fräulein Schädlich schoss und traf einen Arm des Holländer-Michel. Die Kugel traf auf die Haut und prallte von dieser ab, als sei diese aus Stahl. Auch ein weiterer Schuss wurde von der Haut des Riesen einfach zurückgeworfen.

„Hilfe!", rief Peter Gambetti verzweifelt, der inzwischen völlig in eine Ecke des Raumes gedrängt worden war.

„Fräulein Schädlich, sprechen Sie mir nach", rief Fuchs. „Schatzhauser im Tannenwald …"

Diese Worte weckten die Aufmerksamkeit des Michel. Er ließ von Peter Gambetti ab und wandte sich zu Fuchs um. „Nein!", heulte er, „Diesmal wird der verdammte Zwerg mir nicht in die Quere kommen." Er trampelte auf Fuchs zu, stieß einen Stuhl zur Seite, der in eine Vitrine krachte und weitere Splitter auf dem Boden verteilte.

„Sprechen Sie endlich die Verse!"

„Schatzhauser im Tannenwald", sagte Fräulein Schädlich zögerlich. Als sich der Michel nun ihr zuwandte, nahm ihre Stimme jedoch deutlich an Fahrt auf: „… bist viel' hundert Jahre alt.

Dein ist all Reich, wo Tannen steh'n,

lässt dich nur Sonntagskindern seh'n."

Offenbar waren ihr die Reime während der Fahrt nicht entgangen.

Ein helles Klingen erfüllte den Raum, als läuteten hunderte gläserne Glöckchen. Und im nächsten Augenblick stand ein verhutzelter Alter mit einem spitzen Hut und einer langen Pfeife im Raum. In der Rechten hielt er ein Kreuz aus Glas, das er dem Holländer-Michel entgegenhielt.

„Was treibst du hier, Schurke?", rief es. „Wieder deine alten Spiele?"

„Mir gehört sein Herz", sagte der Michel und deutete in die Ecke zu Peter Gambetti.

„Dir gehört in meinem Reich gar nichts, du Lump." Das Männlein zeichnete mit seinem Kreuz einen Kreis in die Luft. „Geh wieder dahin, woher du gekommen bist. – In meinem Reich, in meinem Land geb' niemand mehr sein Herz als Pfand. Jede Seele wie Glas so rein! Heb dich hinfort, lass uns allein."

Ein Geräusch ertönte als schlüge jemand auf eine aufgeblasene Papiertüte und im nächsten Augenblick war der Riese verschwunden. Das Glasmännlein drehte sich zu Fräulein Schädlich um. „Du hast mich gerufen, Sonntagskind. Den ersten Wunsch habe ich in deinem Herzen gelesen. Nun sage mir, was sonst ist noch dein Begehr. Aber wähle weise."

„Im Moment benötige ich nichts, danke."

„Solche Menschenkinder sind mir die liebsten", sagte das Glasmännlein und verzog sein Gesicht zu einem faltenreichen Lächeln. „So werden meine Dienste hier nicht mehr benötigt. Wenn du mich brauchst, Sonntagskind, weißt du, wie du mich rufen kannst." Es lüftete seinen Hut und spazierte pfeifend zu Tür hinaus.

„So viel dazu, dass ich ein Irrer und ein Spinner bin", sagte Fuchs.

„Manchmal sind Sie schon seltsam", erwiderte Fräulein Schädlich. „Aber heute war die Wirklichkeit noch einen Zahn seltsamer als Sie." Sie ging zum Inspektor und hockte sich neben ihn. „Wir brauchen einen Krankenwagen. Er ist mitten in die Glassplitter gestürzt. Außerdem ist er noch immer bewusstlos. Muss ein harter Schlag gewesen sein."

„Ich ... ich ... rufe ...", setzte Peter Gambetti mit zitternder Stimme an.

„Ich glaube, es ist besser, wenn ich das erledige", sagte der Kommissar und trat zum Schreibtisch. Gambetti nickte nur. Er sank in der Ecke zu Boden und begann, hemmungslos zu schluchzen.

„Die Anspannung", konstatierte Fuchs.

Fräulein Schädlich konnte ebenfalls nur nicken. Auch sie hatte der Vorfall weitaus mehr mitgenommen, als sie im Augenblick zugeben mochte.

Am übernächsten Abend traf sich Fuchs in einem Restaurant der Innenstadt mit Doktor Trautmann. Im Laufe des Abends waren die beiden Herren übereingekommen, dass sie sich mit „Du" anreden wollten. Trautmann erzählte über die Probleme, die die Weiterentwicklung des großen Zeitapparates mit sich brachte. Es schien, als würden bestimmte Arbeiten bewusst durch jemanden hintertrieben.

„Und es muss jemand aus dem Amt sein", sagte Trautmann abschließend.

„Hast du einen Verdacht?"

„Nein. Aber es muss jemand sein, der in der Hierarchie ziemlich weit oben sitzt. Informationen, die er verwendet haben muss, gibt es nicht für jeden Büroboten. Außerdem werde ich seit einiger Zeit beobachtet."

„Du meinst, jemand verfolgt dich?"

„Ja." Trautmann nahm einen Schluck Roten, setzte das Glas wieder ab und griff zur Karte. „Geh zur Toilette. Auf dem Weg wirf einen Blick in die linke hintere Nische. Dort sitzt ein Mann, wie wir hat er Rotwein bestellt. Er verdirbt sich den Geschmack leider mit zu vielen Zigaretten."

„Du bist deinem Verfolger einen Schritt voraus. Du weißt von ihm", sagte Fuchs.

„Ich denke, er weiß, dass ich es weiß. Aber es schert ihn nicht. Ich weiß einfach nicht, was diese Leute wollen."

„Ich nehme an, in der Zeit zurückreisen, um irgendetwas Einschneidendes zu verändern“, sagte Fuchs.

„Darüber haben wir schon gesprochen. Das funktioniert nicht so, wie diese Leute es sich vorstellen. Die Zeit ist ein komplexer Mechanismus.“

„Ich denke dennoch, man sollte diese Leute von dem abhalten, was sie vorhaben.“ Fuchs stand auf. „Ich sehe mir den Herrn mal an. Vielleicht kenne ich ihn ja.“

Fuchs kannte ihn nicht. Ein unscheinbar wirkender Büromensch in einem grauen Jackett über einem hellen Hemd. Er starrte in sein Glas Rotwein, als sinne er über das Dasein nach. In einem Mundwinkel hing eine Zigarette und glomm. Er sah Fuchs nicht an, als dieser vorbeiging.

Erst als Fuchs die mit WC beschriftete Tür öffnete, wandte er kurz den Kopf, nahm die Zigarette aus dem Mund und drückte sie im Aschenbecher aus. Er schaute drein wie ein Raubtier, das lohnende Beute wittert. Ein Lächeln streifte seine Züge, aber es floh eilig.

Das verschwundene Fräulein

Auf der Kaiserallee demonstrierten etwa zweihundert Personen. Es handelte sich zum größten Teil um Veränderte, aber einige junge Leute ohne auffällige Besonderheiten liefen ebenfalls mit und schwenkten Plakate, auf denen Sätze zu lesen standen wie: „Veränderte brauchen Veränderung“ oder „Normalität ist unnormal.“ Ersteres hätte Kommissar Martin Fuchs unterschrieben, letzteres eher nicht.

Es stimmte, dass Veränderte seit vielen Jahren nicht mehr verfolgt wurden. Niemand versuchte mehr, ihre Andersartigkeit rückgängig zu machen. Die Zeiten der berüchtigten Berichtiger war lange vorbei, aber noch immer nährte ein großer Teil der Bevölkerung, der nicht unter dem Einfluss von Æther eine andere Gestalt oder besondere Fähigkeiten entwickelt hatte, Vorurteile gegenüber den Veränderten. Sie bekamen viel seltener Arbeit und wenn, wurden sie grundsätzlich schlechter bezahlt. Selbst dann, wenn ihre Besonderheit für die Tätigkeit eigentlich Vorteile mit sich brachte.

Die Pfarrer predigten weiterhin von ihren Kanzeln herab von Sünde und Verdammnis in Verbindung mit den Auswirkungen des Æthers. Und selbst jene, die viel Geld mit Förderung, Verarbeitung und Nutzung des Æthers verdienten, wollten die Veränderten nicht nach Dienstschluss in ihrer Nähe haben.

Viele Menschen verstanden die besonderen Bedürfnisse nicht, die die Veränderungen mit sich brachten. Sie verstanden nicht, dass eine veränderte Physiognomie auch eine veränderte Physiologie und sogar eine andersartige Psychologie zur Folge hatte. Wolfsmenschen litten unter einem

Jagdinstinkt, Zentauren lebten ihre Sexualität als Herdentiere aus, Hellsichtige mieden den Kontakt zu anderen Menschen, weil für sie oft erschreckend war, was sie erkannten, Heiler machten sich unbeliebt bei der Ärzteschaft, weil ihre Diagnosen oft schneller und treffsicherer erfolgten.

Es stimmte: Die Gleichheit aller auf ein Blatt Papier zu schreiben, war wesentlich leichter, als sie in den Köpfen der Menschen zu verankern. Was das Gesetz sagte und wie die Wirklichkeit beschaffen war, erwies sich als zwei völlig verschiedene Paar Schuhe. Eines davon war ziemlich abgelaufen und gehörte eigentlich schon lange auf den Müll, aber es wurde von vielen gern getragen, weil es so bequem war.

Neben Fuchs stand Doktor Richard Trautmann. Fuchs‘ sonstige Partnerin, Hauptwachtmeisterin Diana Schädlich, stand laut Dienstplan in Höhe der Sophienstraße und erwartete dort die Demonstranten. Die Mitarbeiter des Amtes unterstützten die Polizei auf der gesamten Strecke, um sowohl Übergriffe einiger Unbelehrbarer auf die Veränderten zu verhindern, als auch um die Demonstranten daran zu erinnern, dass ihre Botschaft nur dann bei den einfachen Leuten gut ankam, wenn sie friedlich präsentiert wurde.

Trautmann zog ein Foto aus der Tasche und hielt es Fuchs unter die Nase. „Schau mal hier."

Fuchs erblickte das Ganzkörperportrait einer dunkelhaarigen Schönheit, die offenbar im Rosengarten vor einer Bank posierte. Sie besaß ein aristokratisches Profil und schaute mit einem leichten Anflug von Spott in die Kamera.

„Wer ist das?"

„Amalia von Born, die Tochter von Marianne von Born."

„Marianne von Born? Die Filmschauspielerin?"

„Ja."

„Was hast du mit der zu schaffen, Richard?"

„Tja äh …" Trautmann steckte das Foto wieder ein ohne weiterzusprechen.

„Aha", sagte Fuchs. Er blickte seinem Kollegen forschend ins Gesicht. „Dich hat es ja schwer erwischt", sagte er schließlich.

Richard Trautmann räusperte sich. „Wir waren ein paar Mal zusammen aus. Ganz sittsam. Es war immer eine ihrer Freundinnen dabei. Ja."

„Liebt sie dich auch?"

„Ich weiß nicht. Woran merkt man das?"

„Sieh mich an, Richard, sehe ich so aus, als wüsste ich über die Liebe Bescheid? Ich wohne allein und mein einziger weiblicher Kontakt sind die Damen beim Amt."

„Fräulein Schädlich sieht sehr hübsch aus", sagte Trautmann.

„Lass das deine Amalia nicht hören." Fuchs grinste. „Ich wünsche dir viel Glück. – Und Fräulein Schädlich ist nur meine Partnerin beim Amt, mehr nicht."

„Du solltest sie mal zum Essen einladen. Ich glaube, sie mag dich."

„Wie kommst du auf die Idee?"

„Sie hat noch nicht um Versetzung gebeten."

Fuchs knuffte Trautmann gegen den Arm. „Ich dachte, du wärst mein Freund."

Trautmanns Erwiderung ging in einem lauten Trillerpfeifenkonzert unter.

In diesem Moment tauchte Amtsrat Gerber an ihrer Seite auf. „Wissen Sie, wo die Schädlich ist?", bellte er ohne Begrüßung.

„Am Anfang der Sophienstraße, kurz hinterm Leopoldplatz", sagte Fuchs.

„Den Dienstplan habe ich erstellt, den müssen Sie mir nicht vorbeten. Sie ist nicht da.“ Gerber schaute grimmig.

„Was soll das heißen?“

„Sie sind doch sonst nicht so begriffsstutzig. Was soll es wohl heißen, wenn ich sage: Fräulein Schädlich ist nicht da? Sie ist nicht zum Dienst erschienen. Hat Sie Ihnen nichts gesagt? Sie hocken doch die meiste Zeit mit ihr zusammen.“

„Vielleicht ist sie krank“, mutmaßte Trautmann.

„Sie ist auch nicht zu Hause. Da war ich bereits. Ihre Zimmerwirtin hat mir aufgeschlossen. Alles war sauber und aufgeräumt. Es sah aus, als habe die Hauptwachtmeisterin ihr Zimmer zum Dienst verlassen, sei dort aber nicht angekommen.“

Fuchs schaute Gerber beunruhigt an. „Sie denken, ihr ist etwas zugestoßen?“

„Was weiß ich. Ich will nur wissen, wo sie steckt. Wenn es Ärger gibt, weil nicht genügend Beamte diesen Firlefanz bewachen, dann steht es morgen wieder in riesigen Lettern in allen Zeitungen. Also erwarte ich, dass meine Beamten mich vorab informieren, wenn sie nicht zu Dienst erscheinen.“

„Ich weiß nicht, wo sie steckt“, sagte Fuchs. „Aber das ist so gar nicht ihre Art. Sie wissen doch selbst, wie pflichtbewusst sie sich stets gibt.“

„Ja. Ganz im Gegensatz zu Ihnen. Haben Sie ihr einen Auftrag gegeben? Jagt sie einem Ihrer Phantome hinterher?“

„Nein!“

Gerber brummte und schaute an den beiden Beamten vorbei die Straße hinauf. „Wenn der Zirkus hier zu Ende ist, kommen Sie sofort ins Amt und in mein Büro", sagte er, wandte sich ab und eilte davon.

Fuchs lief die ganze Zeit bis zum Ende der Demonstration frustriert an der Absperrung entlang wie ein gefangenes Tier. Mehrfach versuchte Doktor Trautmann, seinen Kollegen zu beruhigen, aber dieser erwiderte jedes Mal etwas wie: „Ich kenne das Fräulein Hauptwachtmeister, sie würde nie einfach so dem Dienst fernbleiben. Sie könnte eine Erweckte sein. Die Göttin der Zuverlässigkeit."

Als die Veranstaltung endlich zu Ende war, winkte er nach einem Taxi und nannte dem Fahrer die Adresse des Amtes. „Fahren Sie, guter Mann, fahren Sie wie der Teufel." Er verzog den Mund zu einem schiefen Lächeln. So einen Satz würde er der Hauptwachtmeisterin gegenüber nie äußern.

Gerber empfing ihn auf dem Gang. Er wurde von weiteren Mitarbeitern der Investigationsabteilung umringt. In der Hand hielt er in einer Tüte ein Blatt Papier, das wie ein Brief aussah.

„Wir wissen jetzt zumindest, was mit Fräulein Schädlich passiert ist", sagte Gerber und winkte mit dem Zettel. „Leider ist es keine erfreuliche Nachricht. Kommen Sie, Fuchs! Sehen Sie sich das mal an!"

Mit zwei Schritten war Fuchs bei Gerber und griff nach dem Blatt. Jemand hatte Buchstaben und Textteile aus Zeitungen ausgeschnitten und zu einem neuen Text zusammengefügt: „Wenn euch wirklich was an Veränderten liegt, sammelt ihr 100000 Reichsmark. So viel sollte euch die nette, junge Frau bei uns doch wert sein. – Verändertenbefreiungsfront“ Fuchs drehte und wendete das Blatt, aber mehr stand da nicht.

„Jemand erpresst das Amt“, stellte er fest.

„Sind Sie immer so scharfsinnig?“, fragte Gerber voller Sarkasmus. „Sagen Sie mir lieber: Kennen Sie diese Truppe? Verändertenbefreiungsfront!“ Das letzte Wort spuckte er förmlich aus.

Fuchs schüttelte den Kopf. „Nie gehört.“

Gerber hob das Blatt über den Kopf, drehte sich zu den übrigen Mitarbeitern um und rief zornig: „So dankt man dem Amt seine Bemühungen, Rechte für Veränderte zu erstreiten, ihre Lebensbedingungen zu verbessern. Jetzt ist es an uns allen, zusammenzustehen und diesen Schurken mit der ganzen Härte des Gesetzes entgegenzutreten. Ich werde umgehend die Kriminalbehörde in Karlsruhe benachrichtigen. – Kowalsky, Lange, bringen Sie das zum Adlerhorst. Die sollen alles an Informationen herausholen, was möglich ist.“ Er hielt das Blatt einem Beamten entgegen, der es sofort an sich nahm und in Richtung Ausgang strebte.

Gerber wandte sich der nächsten Gruppe zu. „Ratetzki, Fendrich, Sie beide hören sich in allen Kneipen der Stadt um, ob sich dort gestern zwielichtige Gestalten getroffen haben. Forschen Sie nach allem, was auffällig gewesen ist in den letzten vierundzwanzig Stunden.“

„Und was mache ich?“, fragte Fuchs frustriert. „Soll ich im Keller Däumchen drehen?“

„Nein, Sie kommen mit mir. Wir kümmern uns um das Geld und warten auf Übergabebedingungen.“ Gerber deutete mit einer Hand zur Treppe. „Gehen Sie nach oben. Ich komme in einer Minute nach.“

Fuchs setzte sich in Bewegung. Gegenüber Gerbers Büro stand eine hölzerne Bank. Er ließ sich dort nieder, stellte fest, dass er keine Ruhe finden würde, sprang wieder auf und lief im Gang auf und ab, bis sein Vorgesetzter endlich auftauchte.

„Kommen Sie", sagte dieser im Heraneilen, schloss die Tür seines Büros auf und ging hinein. Fuchs folgte ihm auf dem Fuße, schloss hinter sich die Tür und blieb vor dem praktisch leeren Schreibtisch stehen, hinter dem Gerber inzwischen saß.

Der Amtsrat verschränkte die Hände, blickte Fuchs an und sagte: „Dann wollen wir mal um gut Wetter bei der Obrigkeit bitten." Er griff zum Hörer des Fernsprechers, drückte auf die Gabel und verlangte: „Verbinden Sie mich mit dem Badischen Innenministerium!"

Eine Weile lauschte er, dann streckte er sich, als wolle er strammstehen und erklärte anschließend die Situation. Danach beschränkten sich seine Äußerungen auf Ja, Natürlich und Nein. Schließlich legte er auf.

„Wir bekommen das Geld und polizeiliche Unterstützung. Sie werden sich zwei Leute aus der Registratur holen und mit diesen zum Bankhaus Hermann gehen. Dort übergibt man Ihnen in einer Stunde die geforderte Summe. Am besten nehmen Sie Gebhardt und Völkel mit."

Fuchs kannte Gebhardt nicht, aber mit dem Mannwolf Völkel hatte er schon einmal gesprochen. Dieser war eigentlich ein Lamm im Wolfspelz, aber das sah man ihm nicht an.

Der Weg zur Bank und zurück war ereignislos, wenn man davon absah, dass Fuchs es nicht fertigbrachte, sich zu setzen, während er auf das Geld wartete. Wie ein Rennpferd in Iffezheim vor dem Start trat er von einem Bein auf das andere vor dem Schreibtisch des Bankdirektors.

Auf dem Weg zurück zum Amt kam Fuchs sich seltsam vor. Er war es nicht gewohnt, einen Schritt vor seinen Kollegen zu laufen, die die ganze Zeit ihre Blicke in alle Richtungen warfen, als ob sie jeden Moment damit rechneten, jemand könnte hinter einer Hausecke hervorspringen und über ihn herfallen. Sie kamen ohne derartige Zwischenfälle beim Amt an, wo Gerber sie bereits erwartete.

„Wir haben weitere Informationen", sagte er. Er führte Fuchs und seine Begleiter in sein Büro, wo zusammengesunken auf einem Stuhl ein Katzenjunge saß. Er mochte zwölf oder dreizehn sein, die Veränderung machte eine Altersbestimmung nicht einfach.

Gerber deutete auf ihn. „Er hat eine Botschaft gebracht. Er weiß allerdings nicht, worum es geht. Jedenfalls sieht es so aus." Gerber reichte Fuchs einen Zettel.

„Ich soll allein gehen?", fragte Fuchs.

„Das fordern die Entführer", erwiderte Gerber. „Das bedeutet nicht, dass Sie ohne jede Unterstützung gehen werden. Bestimmt nicht." Gerbers Mund schloss sich zu einem geraden Strich, er zog ein weiteres flaches Objekt aus seinem Jackett und reichte es Fuchs. „Das haben Sie auch noch geschickt."

Es handelte sich um eine Fotografie, die Fräulein Schädlich mit zerzausten Haaren und einer geschwollenen Oberlippe auf einem Stuhl gefesselt zeigte. Sie war nicht besonders pfleglich behandelt worden.

Fuchs blickte noch einmal auf die Forderungen der Entführer. Er allein sollte mit einem Wagen Richtung Fremersberg hinauf fahren. Am vor wenigen Jahren erst eingerichteten Golfplatz sollte er neue Instruktionen erhalten. Er sollte sich um fünfzehn Uhr auf den Weg machen. Bis dahin blieb eine halbe Stunde für die Vorbereitung.

„Wir geben Ihnen eines der neuen Funkgeräte mit“, sagte Gerber. „So können Sie stets Kontakt zu den Beamten und der Polizei halten. Wir lassen Sie nicht mit diesen Burschen allein, Fuchs. Ein Wagen des Amtes und zwei der Polizei sind hinter Ihnen.“

„Lassen Sie sich bloß nicht sehen“, sagte Fuchs.

„Ich denke, alle wissen, dass die Lage nicht einfach ist. Aber was schlagen Sie vor? Dass Sie den Entführern allein entgegentreten? Und dann? Was wollen Sie tun, wenn die die Hauptwachtmeisterin nicht herausgeben? – Na also! Sie fahren vornweg, wir im Sicherheitsabstand hinterher. Sagen Sie Bescheid, wenn Sie etwas Neues erfahren oder es unvorhergesehene Schwierigkeiten gibt. Kommen Sie mit, wir gehen zur Technik-ausgabe.“

Fuchs saß in einem der neuen Mercedes-Æthereinspritzer des Amtes und fühlte sich nicht wohl. Seit Fräulein Schädlich seine Partnerin war, hatte er nicht mehr selbst ein Auto gelenkt. Außerdem saßen sie zumeist im privaten Wagen der Hauptwachtmeisterin und nicht in einem der jägergrünen Fahrzeuge des Amtes. Fuchs seufzte, startete den Wagen und griff zum Lenkrad.

Er rollte die Fremersbergstraße hinauf und fragte sich, wer oder was ihn am Golfplatz erwarten würde. Vermutlich nur ein weiterer Bote mit einem Zettel. In der Innentasche von Fuchs‘ Jacke steckte eine der neuen Ætherwaffen, die so klein waren, dass sie sich nicht gegen den Stoff abzeichneten. Auf dem Sitz neben ihm lag eines der Sprechfunkgeräte, die die Wissenschaftler vom *Adlerhorst* entwickelt hatten. Sie besaßen eine beeindruckende Reichweite und Sprachklarheit, wenn man bedachte, dass sie nicht größer als eine Zigarettenschachtel waren.

Am Golfplatz angekommen stieg Fuchs aus dem Wagen und sah sich um. Er hatte damit gerechnet, erwartet zu werden, sah sich aber enttäuscht. Er betrat das Clubhaus, um weitere Erkundigungen einziehen zu können. Sofort trat ein Mann in einer Livree auf ihn zu und erkundigte sich nach seinem Begehr. Dabei musterte dieser ihn, als fürchte er, Fuchs könne ihn im nächsten Augenblick anspringen.

„Nein, mein Herr. Niemand hat etwas abgegeben. Ein Veränderter wäre mir aufgefallen. Solche Subjekte gehören nicht zu unseren Mitgliedern."

Fuchs hätte ihm am liebsten einen Faustschlag verabreicht. Diese Art Menschen trugen unter anderem Schuld daran, dass es Gruppierungen wie die Verändertenbefreiungsfront überhaupt gab. Sie pflegten ihren Dünkel und damit den Missmut der Gegenseite, die irgendwann beschloss, genug sei genug, und zu drastischen Mitteln griff.

„Darf ich mich hier umsehen? Vielleicht wurde etwas hinterlegt."

„Wenn es sein muss ..." Der Livrierte sah aus, als hielte er das eigentlich für unangebracht, fügte sich jedoch in sein Schicksal.

Fuchs begann mit seiner Durchsuchung. Sein Blick galt vor allem den beiden Papierkörben gleich links und rechts neben dem Eingang. Sie waren leer.

Er kehrte nach draußen zurück. Dort stand eine Anschlagtafel, die aktuelle Veranstaltungen des Clubs ankündigte. Fuchs trat näher und sah sie sich an, aber auch hier hing kein Zettel, der ihm den weiteren Weg wies. Schließlich verließ er den Weg, um sich die Rückseite anzusehen. Ein einzelnes Blatt war an dem nackten Holz befestigt.

„Fahren Sie weiter Richtung *Klosterschänke,* am Abzweig halten Sie sich links. Am Orteingang Gallenbach biegen Sie rechts ab. Halten Sie auf der Brücke über dem Grünbach“, las Fuchs.

Er kehrte zum Wagen zurück und fuhr weiter. Ein kurzer Blick zurück versicherte ihm, dass von seinen Verfolgern nichts zu sehen war. Unterwegs meldete er sich bei Gerber und gab die neuen Anweisungen weiter. Etwas mehr als zehn Minuten später stand er auf der bezeichneten Brücke und blickte sich um. Auch hier gab es auf den ersten Blick keine neuen Anweisungen.

Plötzlich raschelte es rechts von ihm im Gebüsch. Fuchs zuckte zusammen und griff in die Innentasche der Jacke. Als er jedoch entdeckte, dass lediglich ein reitstiefelhohes mechanisches Männchen auf ihn zu rollte, entspannte er sich. Das dienstbare Konstrukt hielt in einem Greifarm von der Größe eines Fingergliedes ein weiteres Blatt Papier. Es stoppte vor Fuchs‘ Füßen. Dieser sah keineswegs nach unten, sondern schaute aufmerksam in alle Richtungen. *Woher wusste dieser mechanische Bote, dass er der richtige Empfänger war? Und woher wusste er, wann er stoppen musste?* Jemand musste ihn beobachten und das Ding steuern. Aber niemand zeigte sich.

Fuchs bückte sich, nahm den Zettel an sich und las: „Werfen Sie den Koffer mit dem Geld über die Brücke. Steigen Sie wieder in den Wagen und fahren Sie nach Gallenbach zurück. Halten Sie am Ortseingang. Steigen Sie aus und gehen Sie in Richtung Wald.“

Fuchs fluchte. Auf dem Rückweg würden ihm die Wagen vom Amt und der Polizei auf jeden Fall entgegenkommen. Wenn einige der Entführer dort im Wald hockten, hatte sie das Aufgebot sowieso bemerkt. Der mechanische Mann setzte sich wieder in Bewegung und kehrte ins Unterholz zurück.

Fuchs rannte zum Wagen zurück, riss die Beifahrertür auf und gab Gerber durch, was er hatte tun müssen und wie die nächsten Instruktionen lauteten.

„Wir kommen zu Ihnen", meldete Gerber. „Vermutlich wollen die Brüder das Geld holen, wenn Sie wieder verschwunden sind."

„Nein, lassen Sie sich nicht sehen, ehe ich weiß, wo ich die Hauptwachtmeisterin finde."

„Fuchs, seien Sie nicht dumm. Wir können solche Leute nicht davonkommen lassen", erwiderte Gerber. „Soweit ich weiß, gibt es eine weitere Straße an den Weinplantagen. Dort beziehen wir Posten. Drehen Sie sich mal um. Ist hinter Ihnen ein Waldgürtel?"

Fuchs tat wie geheißen. „Ja", sagte er schließlich.

„Sehen Sie? Der wird uns Deckung geben. Halten Sie sich an die weiteren Anweisungen. Vermutlich wird man Ihnen das Fräulein bringen. Ende."

Fuchs legte das Sprechfunkgerät in den Wagen zurück, schloss die Beifahrertür und ging um das Heck des Autos herum. Da peitschte der erste Schuss. Er fühlte einen Lufthauch an seinem Ohr vorbeistreichen. Hinter ihm stiebte Rinde von einem Baum. Im nächsten Augenblick lag Fuchs flach auf dem Boden. Ein weiterer Schuss ertönte. Er musste aus dem Waldstück kommen, von dem Gerber meinte, es könne den Beamten und der Polizei als Deckung dienen.

Fuchs robbte in die Deckung des Wagens zurück. Ein dritter Schuss ließ eine der hinteren Scheiben zersplittern. Vorsichtig langte der Kommissar nach dem Griff der Beifahrertür und zog diese auf. Er hoffte, der Angreifer würde sich nicht aus seiner Deckung wagen und zu ihm hinüber gerannt kommen. Er hatte zwar den Werfer, aber wenig Vertrauen in seine Schießkünste.

„Ich werde beschossen", hauchte er ins Funkgerät, als Gerber sich meldete.

„Was?"

„Beschossen. Jemand hat es auf mich abgesehen."

„Wir kommen. Bleiben Sie ruhig." Anschließend hörte Fuchs Gerber jemandem Kommandos erteilen.

Er kroch über den Beifahrersitz auf die Fahrerseite, da zerbarst die Scheibe über ihm und Splitter regneten auf ihn herab. Er langte nun doch in sein Jackett, holte den Werfer heraus und feuerte einmal ohne den Kopf zu heben durch das geborstene Seitenfenster.

Er fragte sich, wie er fahren sollte, ohne aufrecht hinter dem Lenkrad zu sitzen. Fräulein Schädlich hätte das vermutlich zustande gebracht. *Ob sie überhaupt noch am Leben war?*, schoss es ihm durch den Kopf.

In diesem Moment hörte er entfernte Polizeisirenen. Seine Begleiter kamen, glaubten aber nicht mehr daran, dass es noch sinnvoll sei, unauffällig zu bleiben. *Aber so gefährdeten sie doch das Fräulein, verdammt.*

Warum schießen die auf mich? Ich habe denen doch ihr verdammtes Geld gebracht, dachte Fuchs. *Ging es gar nicht darum?*

Er rappelte sich auf und versuchte, hinter dem Rahmen des Fensters so weit verborgen zu bleiben, dass der Schütze keine lebenswichtigen Teile des Körpers treffen konnte. Er drehte den Zündschlüssel, startete und trat das Gaspedal. Der Wagen machte einen bockigen Sprung nach vorn, dann ging der Motor aus, weil er einen falschen Gang eingelegt hatte. Fuchs schalt sich einen Idioten. Draußen krachte ein weiterer Schuss, verfehlte ihn jedoch auch diesmal.

Beim zweiten Versuch setzte sich der Mercedes in Bewegung und trug den Kommissar aus der Gefahrenzone. Inzwischen war das Heulen der Polizeisirenen sehr nah gekommen. Fuchs wendete jenseits der Brücke und fuhr so schnell er es wagte zurück,

Was sollte er tun? Würden ihn weitere Schützen erwarten, wenn er hinter Gallenbach in den Wald ging? Und die Frage, die ihn am meisten beschäftigte: *War Fräulein Schädlich noch am Leben?*

Er hielt an der bezeichneten Stelle am Straßenrand und verharrte im Wagen. Er schaute zum Wald hinüber und versuchte, sich darüber klarzuwerden, wie er weiter verfahren sollte. Er bückte sich nach dem Werfer, der in den Fußraum des Wagens gerutscht war. Er öffnete die Fahrertür, die Waffe in der Hand, und stieg aus. Wie ein Reh, dass ein Raubtier witterte, äugte er zum Wald und lauschte. Knackten irgendwo Äste unter dem Tritt eines Attentäters? Sah er das verräterische Aufblitzen von Sonnenstrahlen auf dem Lauf einer Waffe?

Alles blieb ruhig. Nur ein paar Vögel sangen. Ein leichter Wind strich über sein Gesicht. Dann eine helle, weibliche Stimme: „Hilfe!“

Das Fräulein! Sie brauchte ihn. Fuchs dachte nicht länger nach oder sicherte sich ab. Er stürmte einfach in die Richtung, aus der er den Schrei vernommen hat.

Er fand die Hauptwachtmeisterin an einen Baum gebunden. Sie trug ihre Uniform. Diese sah aus als hätte sie darin an einem Feldzug gegen Drachen teilgenommen. Ihr Gesicht wies etliche blaue Flecken auf, auf ihrer Stirn sah Fuchs einen Schnitt mit getrocknetem Blut. Was für Barbaren taten so etwas einer Frau an, selbst einer durchaus wehrhaften wie Fräulein Schädlich?

Er beeilte sich sie loszubinden. Sie sank erschöpft in seine Arme. Er hob sie in seine Arme und trug sie Richtung Auto. Es erstaunte ihn, wie leicht sie war.

Niemand stürmte aus dem Wald hervor und stellte sich ihm in den Weg, keine weiteren Schüsse wurden abgegeben. Er erreichte den Wagen und bettete seine Kollegin auf die Rückbank. Sie lächelte ihn zaghaft an.

„Sie haben mich gefunden", flüsterte sie.

Der schmerzhafte Versuch machte Fuchs traurig und wütend zugleich. Es war ihm gleichgültig, dass die Veränderten, die hier am Werk gewesen waren, vermutlich selbst gequälte Kreaturen waren. Sie setzten sich beim Amt wieder und wieder für sie ein und dann sollte das der Dank sein? Er wollte nicht hassen, aber er spürte, dass ihn dieses Gefühl im Moment fest in seinen Klauen hielt.

Einfache Tiere verhielten sich nicht so. Sie fügten ihresgleichen durchaus auch Schmerz zu. Sei es aus Hunger, aus Furcht, im Kampf um einen Platz in einer Hierarchie oder um einen Partner für die Paarung. Aber niemals agierten Tiere gewalttätig für eine Idee, einen Glauben, eine Betrachtungsweise der Welt. Der Einwand, Tiere besäßen eben keine Intelligenz, erschien Fuchs in jenem Moment lächerlich. Wenn so etwas der Preis für Intelligenz war, sollte man lieber darauf verzichten.

Mit diesen Gedanken im Kopf setzte sich Fuchs hinter das Steuer und fuhr Richtung Amt zurück. Mochten seine

Kollegen und die Polizei sich mit dieser sogenannten Verändertenbefreiungsfront herumschlagen. Er hatte die Nase voll. Gestrichen voll!

Hauptwachtmeisterin Schädlich verbrachte die folgende Woche im Krankenhaus, während die Polizei die Entführer ausfindig machte. Bei der Festnahme der mutmaßlichen Hauptschuldigen im Hochschwarzwald wurden zwei Veränderte getötet. Einer war der Anführer der Bewegung, ein Mann mit dem Bart und den Hörnern einer Ziege, der andere, so erfuhren die Beamten, war mit der Gabe der Telekinese gesegnet, äußerlich aber nicht als verändert erkennbar gewesen.

Drei weitere Veränderte wurden festgenommen und zur Untersuchung des Falles nach Karlsruhe gebracht. Es zeigte sich, dass die Gruppe aus insgesamt fünfzehn Veränderten bestand, die meisten von ihnen jedoch von der Entführung keine Ahnung hatten. Sie lebten alle zusammen in Zelten im Wald, ernährten sich von dem, was dieser ihnen gab und zeigten auch sonst keine übermäßige Aggressivität. Ihr Zorn richtete sich ausschließlich gegen das Amt für Ætherangelegenheiten beziehungsweise dessen Erfüllungsgehilfen, wie sie die Beamten nannten.

Bei der Vernehmung sprachen sie von einem Bruder Björn, ein Pilger, dem sie im Wald begegnet waren. Er sei zu ihnen gekommen und einige Wochen geblieben. Damals hatten sie noch keinen Namen für ihre Gruppe gehabt. Er habe ihnen diesen gegeben, Widder-Karl zu ihrem Anführer ernannt und ihnen mit seinen Predigten die Augen geöffnet.

Sie beschrieben Bruder Björn als einen schlanken Mann mit glühenden Augen und bewegender Stimme. Er verstehe es, in der Seele ein Feuer der Leidenschaft zu entfachen.

Als Fuchs die Protokolle so weit gelesen hatte, warf er diese auf seinen Schreibtisch und schrie: „Gehirnwäsche!" in sein außer ihm leeres Büro hinein.

Keiner der Vernommenen hatte angeblich auf Fuchs geschossen. Sie behaupteten alle, niemand von ihrer Gruppe habe sich in dem Waldstück aufgehalten, aus dem geschossen worden war. Der Geldkoffer sollte durch zwei weitere mechanische Diener abgeholt und zu ihnen gebracht werden. Widder-Karl hatte jenseits des Baches ein Stück abwärts auf einem Fahrrad auf sie gewartet. Aber sie waren nicht aufgetaucht und dann sei die Polizei auf der anderen Seite erschienen und er verduftet.

Allerdings war das Geld genauso verschwunden wie der Schütze aus dem Waldstück.

„Wer ist dieser Bruder Björn?", fragte Fuchs das Plakat an der Wand. Es wusste nur die Antwort, die es immer gab: „Die Wahrheit ist irgendwo im Æther."

Pferdeverstand

Morgennebel lag über dem Anwesen des Barons von Volrath. Ein sanfter Schleier überdeckte die Wiesen und ließ das Herrenhaus von Weitem wie die Wohnstatt einer Märchengestalt wirken. Die Pferde standen noch in den Ställen und warteten auf die Pfleger, die sie zur Morgenarbeit vorbereiten würden.

Baron von Volrath betrieb das Gestüt in der vierten Generation. Unter seiner Leitung hatten Vollblüter in den Farben der Volraths zwei Mal das Derby in Hamburg gewonnen und gute Platzierungen auch bei großen Rennen in England und Frankreich mit nach Hause gebracht. Er rechnete es sich hoch an, dass er Zentauren als Pfleger beschäftigte, die naturgemäß über ein Händchen für Pferde verfügten.

Der Baron besaß nicht nur ein Gestüt und ein weitläufiges Gut im Hannoverschen, sondern auch Beziehungen in die höchsten Kreise der Politik. Wenn er an der richtigen Stelle die richtigen Worte fallen ließ, änderten sich Gesetze, wurden Leute ihrer Posten enthoben oder eingesetzt, wo sie ihm nützlich waren.

So früh am Morgen schlief er natürlich noch in seinem Vierposter-Himmelbett in der ersten Etage des Herrenhauses, aber sein Personal war bereits auf den Beinen und emsig bemüht, den Wünschen zu entsprechen, die er nach dem Erwachen haben würde.

Zwei Männer, die jeder höchstens ein und einen halben Meter groß waren und ausgezehrt wirkende Gesichter zur Schau trugen, strebten den Stallungen entgegen. Sie trugen beide Seidenkleidung – dunkle Hosen und ein Reitdress, der in rote und grüne Karos geteilt war. In der Mitte, wo die vier

Karos sich trafen, überdeckte das Wappen der Volraths den Schnittpunkt. In den Händen hielten sie jeweils eine Kappe und eine Gerte. Sie liefen über den freien, mit Sand ausgestreuten Platz, der von den drei Stallgebäuden umrahmt wurde, die den ganzen Stolz des Barons beherbergten.

Sie würden die Vierbeiner bewegen. Ein paar kurze Kanter auf der Sandbahn, ein paar zügige Galoppaden auf der Grasbahn des Übungsplatzes. Trainer Winkler würde ihnen sagen, welches der Pferde heute Morgen welches Training zu absolvieren haben würde. Die beiden Zweijährigen würden vermutlich erste Startübungen absolvieren müssen. Sie sollten in zwei Wochen zum ersten Mal Rennbahnluft schnuppern.

„Seltsam", sagte der eine. „Wo ist denn Müller? Er steht doch sonst schon immer an den Boxen und schaut auf die Uhr?"

„Er ist eben auch keine Maschine", sagte der andere. „Kümmern wir uns eben erst einmal allein um die Tiere."

Sie gingen zum mittleren der Ställe. Aus dem rechten trat gerade ein weiterer Mann. Er war größer als die beiden anderen und trug Arbeitskleidung. Er fuhr eine Schubkarre mit Mist aus dem Stall.

„Ist Müller bei dir drüben, Henning?"

„Ne, der pennt wohl noch." Der Mann schob die Karre an ihnen vorbei und entfernte sich.

Einer der Männer in Reitkleidung zuckte mit den Schultern. „Fangen wir einfach an. Müller wird schon auftauchen. Ich nehme als erstes Lucinda, holst du Dick Turpin? Die brauchen für Sonntag auf jeden Fall noch ein paar Kanter, um in Schwung zu kommen."

Die Herren näherten sich zwei Boxentüren an der Stallung. Der eine öffnete die erste und wurde mit einem freundlichen Schnauben aus den Nüstern einer dunkelbraunen Stute begrüßt. Der andere stand mit weit aufgerissenen Augen vor der Box. Von einer Sekunde zur nächsten schien alles Blut aus seinem Gesicht gewichen.

„Was ist los, Karl?“

„Müller ist in der Box“, sagte Karl.

„Müller? Wo ist das Pferd?“ Der andere Mann eilte zu seinem Partner hinüber, um zu sehen, was diesen so erschreckt hatte.

Als er neben ihn trat, sah er den Grund für Karls Entsetzen. Statt eines Schimmelhengstes mit dunkler Flocke beherbergte der Stall den Körper von Trainer Müller, der mit einem Messer in der Brust im Stroh lag.

„Ich bin so froh, dass Sie wieder da sind“, sagte Kommissar Fuchs zu Fräulein Hauptwachtmeisterin Schädlich, als diese das Büro betrat. Die Folgen der Entführung waren noch immer in ihrem Gesicht ablesbar, aber sie sah nicht mehr wie jemand aus, der unbedacht gegen Max Schmeling in den Ring gestiegen war.

Sie strich sich eine vorwitzige Strähne ihres Pagenschnitts aus der Stirn und lächelte. „Nett, dass Sie das sagen.“ Sie schloss die Tür hinter sich. „Gibt es aktuelle Fälle?“

„Fühlen Sie sich schon wieder fit?“

„Wäre ich sonst hier? Es braucht ein bisschen mehr als ein paar Faustschläge, um Gustav Schädlichs Älteste aus dem Ring zu werfen.“

Fuchs hielt einen dünnen Ordner in die Luft. „Das hat mir Gerber heute früh auf den Tisch geworfen. Mord im

Hannoverschen. Der Trainer eines Rennstalles wurde in einer Box erstochen aufgefunden."

„Was hat das Amt damit zu schaffen?"

„Der Besitzer hat den Innenminister angerufen, der hat es an den großen Chef weitergereicht und der dann an Gerber", antwortete Fuchs.

Fräulein Schädlich schüttelte den Kopf in offensichtlicher Verwirrung. „Das erklärt gar nichts. Keine Ætherangelegenheit, kein Amt, oder?"

„Auf dem Gelände lebt eine Herde Zentauren, die für den Gutsherrn arbeiten. Er verdächtigt sie oder besser, einen von ihnen, der Täter zu sein. Wir sollen das klären."

„Ich hoffe, Sie springen den Gutsherrn nicht gleich bei der ersten Begegnung an, Fuchs. Ich kenne Ihre Einstellung zu solchen Leuten und ganz besonders Ihre Meinung zu Vorurteilen gegenüber Veränderten. Seien Sie bedacht. Wenn ich es recht verstehe, hat dieser Gutsherr gute Beziehungen."

„Ich werde mich bemühen", sagte Fuchs.

„Fahren wir?"

„Sie sind noch angeschlagen. Sollte nicht lieber ich …"

„Fuchs, geben Sie sich keine Mühe", unterbrach ihn die Hauptwachtmeisterin. „Es ist mein Wagen, also fahre ich."

„Wir könnten einen vom Amt nehmen."

Fräulein Schädlich lächelte süffisant und schüttelte den Kopf. „Ach, Fuchs, wovor haben Sie eigentlich immer solche Angst? Sie wissen genau, dass Sie keine sicherere Fahrerin finden als mich."

„Weiß ich das?", murmelte Fuchs.

Fräulein Schädlich blitzte ihn kampfeslustig an, sagte jedoch nichts darauf, sondern wendete sich ab und ging zur Tür.

Die Sonne war bereits hinter den Horizont gesunken. Ein Spektakel, das Fuchs und Schädlich in der flachen Landschaft gut hatten beobachten können. Vor ihnen erschien die Zufahrt zum Gut von Volrath. Die Zufahrt zum Herrenhaus wurde von Pappeln gesäumt, links standen ein paar Pferde dicht beieinander auf einer Wiese. Jedenfalls erschien dies im ersten Augenblick so. Ein zweiter Blick offenbarte den Irrtum und die menschlichen Oberkörper jener Wesen.

Sie fuhren direkt vor der Freitreppe vor, die zum Eingang hinaufführte. Fuchs betätigte den Klingelzug. Ein livrierter Butler öffnete ihnen. Mit unverbindlicher Miene fragte er nach ihrem Begehr, seiner Stimme nach zu urteilen, verwiese er sie allerdings gern zum Dienstboteneingang. Sie zückten die Dienstausweise und wurden eingelassen.

„Der Herr Baron erwartet Sie in der Bibliothek."

„Wie in einem englischen Krimi", raunte die Hauptwachtmeisterin dem Kommissar zu.

„Nur, dass Sie nicht Miss Marple sind."

Fräulein Schädlich zog die Nase kraus ob des Vergleichs mit der alten Jungfer aus einem aktuell sehr beliebten Roman einer Kriminalschriftstellerin aus dem Vereinigten Königreich. „Sie sind ja auch nicht gerade Hercule Poirot", konterte sie.

Fuchs blieb stehen und wandte sich zu ihr um. Als sie ihm ins Gesicht blickte, versuchte er, stutzerhaft eine Braue zu heben, was jedoch misslang und Fräulein Schädlich ein helles Lachen entlockte. „Wenigstens kann ich Ihre Heiterkeit erregen“, sagte er.

Sie eilten dem Butler hinterher, der eine Tür vor ihnen öffnete und verkündete: „Die Mitarbeiter vom Amt für Ætherangelegenheiten!“

Sie traten ein. Der Herr Baron saß in einem Ohrensessel an einem der hohen Fenster, die auf den Park blickten. Er hielt eine Zeitung in der Hand, die er zusammenfaltete und auf einem Beistelltischchen deponierte, ehe er sich erhob und ihnen entgegentrat.

„Schön, dass Sie kommen konnten.“ Er deutete auf eine Sitzgruppe in der Nähe des Kamins. „Bitte, nehmen Sie Platz. Wünschen Sie eine Erfrischung?“

„Danke, nein“, sagten Fuchs und Schädlich im Chor und ließen sich in den weich gepolsterten Sesseln nieder.

Der Hausherr nahm ihnen gegenüber Platz, schlug die Beine übereinander, legte seine verschränkten Hände auf den Knien ab und sagte: „Sie wissen, worum es geht?“

„Man sagte uns, einer Ihrer Trainer sei erstochen aufgefunden worden. Warum wünschen Sie eine Mitarbeit des Amtes?“

„Weil das diese Pferde getan haben.“

„Pferde, Herr Baron?“ Fuchs klang nicht amüsiert.

„Ich beschäftige ein paar Veränderte. Pferdemenschen. Sie verstehen sich natürlich ausgezeichnet auf die Pflege ihrer Artgenossen ...“

„Verzeihen Sie, wenn ich Sie unterbreche, Herr Baron, aber Veränderte sind noch immer Menschen.“ Fuchs klang bei Weitem nicht so unterwürfig, wie seine Formulierung es vermuten ließ. Fräulein Schädlich konnte die Anspannung, sich zusammenzunehmen, in seinem Gesicht ablesen.

„Wir behandeln alle unsere Pferde sehr gut“, sagte der Baron. „Es ist gewiss nicht einfach, mit so einem Körper andernorts eine vernünftige Wohnstatt zu finden. Hier haben sie ideale Bedingungen. Für eine leichte Arbeit erhalten sie selbstverständlich freie Kost und Logis.“

„Soll das heißen, Sie zahlen diesen Mitarbeitern Ihres Gestüts keinen Lohn?“, fragte Fuchs.

Der Baron lachte. „Ich zahle auch meinen Rennpferden keinen Lohn. Und die bringen mir immerhin viele Preisgelder. Aber das tut doch alles nichts zur Sache. Ich möchte, dass Sie beide sich mit diesem Volk unterhalten. Einer von ihnen ist ein Mörder. Sie sollen herausfinden, wer.“

„Was macht Sie so sicher, dass der Täter unter den Zentauren zu finden ist?“, wollte Fuchs wissen.

„Wer sollte es sonst getan haben? Ich beschäftige keine Verbrecher. Bleiben nur die Pferde. Wer weiß schon, was in so einem veränderten Hirn vor sich geht.“

„Manche kranken Hirne sitzen in ganz normalen Köpfen“, sagte Fuchs.

„Wie meinen?“ Die Stimme des Barons klang scharf.

„Wir haben durchaus schon eine Reihe unveränderter Mörder erlebt“, erwiderte Fräulein Schädlich eilig. „Aber natürlich werden wir uns mit den Zentauren unterhalten.“

„Manche von ihnen sind hellsichtig, wissen Sie“, sagte Fuchs. „Aber wir müssen auch mit den anderen Leuten reden, die hier auf dem Gut ein und aus gehen. Es gehört nicht zu unserer Art, nur einseitig zu ermitteln.“ Er schaute Fräulein Schädlich an. „Ich denke, wir sind hier fertig. Wer kann uns zu den Zentauren führen?“

„Das wird mein Verwalter übernehmen.“ Der Baron beugte sich zu einem Klingelzug hinüber und läutete. Der

Butler erschien, als habe er direkt vor der Tür darauf gewartet, dass sein Herr ihn herbeirief.

„Wolfgang, schicke bitte Herrn Wirth zu mir. Er muss meine Gäste zu den Ställen der Zentauren bringen."

Wolfgang trat ab und eine unangenehme Stille setzte ein. Offenbar waren weder die Beamten noch der Baron an einem weiteren Gespräch interessiert.

„Vielleicht warten Sie draußen", sagte der Baron nach ein paar Minuten des Schweigens. „Ich habe noch zu arbeiten. Meine Geschäfte erledigen sich nicht von allein."

„Welcher Art sind Ihre Geschäfte?", fragte Fuchs.

„Das geht Sie keinesfalls etwas an."

„Wir sollen hier doch einen gewaltsamen Tod untersuchen, da geht uns jedes Detail an, das wichtig sein könnte", erwiderte Fuchs.

„Meine Geschäfte sind für den Fall völlig unwichtig. Seien Sie dessen versichert. Kümmern Sie sich um die Pferde."

„Das sind Menschen, Herr Baron, Veränderte." Fuchs wurde etwas lauter als zuvor.

„Ich rede in meinem Hause von meinen Angestellten wie es mir passt, mein Herr." Der Baron erhob sich und reckte den Kopf. „Es ist wirklich das Beste, wenn Sie jetzt gehen. Danke."

„Es ist die Aufgabe und das Hauptziel des Amtes, dafür zu sorgen, dass Veränderten jeglicher Art Gerechtigkeit widerfährt", entgegnete Fuchs und erhob sich ebenfalls. „Ich werde wohl melden müssen, dass hier Veränderte um einen gerechten Lohn betrogen werden."

„Was fällt Ihnen ein?! Hinaus!" Ein Arm deutete energisch zur Tür.

„Sie werden von uns hören", sagte Fuchs.

„Und Sie von mir!" Das Gesicht des Barons wurde bedenklich rot.

Fräulein Schädlich packte den Kommissar am Arm. „Kommen Sie, sonst gibt es noch eine Leiche", flüsterte sie ihm ins Ohr. Sie zerrte ihren Kollegen mit sich Richtung Tür.

Fuchs sah sich immer wieder nach dem Baron um, der hochaufgerichtet neben dem Kamin stand und ihnen wütende Blicke nachsandte.

„So ein aufgeblasener Gockel", entfuhr es Fuchs, nachdem Fräulein Schädlich die Tür zur Bibliothek hinter ihnen geschlossen hatte.

„Das gibt Ärger", sagte sie. „Verlassen Sie sich darauf. Warum konnten Sie sich nicht zurückhalten?"

„Haben Sie nicht gehört, wie er über diese Zentauren spricht? Er behandelt sie wie seine Rennpferde. Das können wir nicht dulden. Genau um solchen Leuten entgegenzutreten, ist das Amt einst gegründet worden." Fuchs schäumte.

Ein Mann in einem dunkelgrünen Arbeitsanzug trat aus dem hinteren Trakt des Gebäudes in die Vorhalle. Er erblickte die beiden Beamten und ging mit zur Begrüßung ausgestreckter Hand auf sie zu. „Mein Name ist Wirth, ich arbeite für den Baron als Verwalter. Mir wurde gesagt, ich soll Sie zu den Zentauren begleiten."

„Der Herr Baron ist der Meinung, einer dieser Leute habe den Mann erstochen, der tot aufgefunden wurde. Was denken Sie?", fragte Fuchs.

„Ich?" Der Verwalter schien erstaunt, nach seiner eigenen Meinung befragt zu werden.

„Soweit ich verstanden habe, arbeiten die Zentauren für das Gut. Da sollten Sie als Verwalter doch gelegentlich mit ihnen zu tun haben."

„Ja, habe ich." Der Verwalter setzte sich in Bewegung. „Ich erzähle Ihnen, was ich denke, während wir hinübergehen." Er öffnete die Eingangstür und ließ die Beamten vorausgehen. Nachdem er sie eingeholt hatte, begann er zu erzählen: „Im Grunde ist es wie bei uns Menschen oder auch bei den Pferden. Es gibt immer und überall solche und solche. Manche Pferde beißen ihre Artgenossen, wenn diese im Rennen direkt neben ihnen sind. Und manche Menschen schlagen oder töten gar andere. Das muss ich Ihnen eigentlich nicht sagen, oder?"

„Und Sie meinen, bei den Zentauren ist das auch so."

„Die sind halb Pferd und halb Mensch – da kann es doch gar nicht anders sein."

„Denken Sie also, einer von denen hat den Trainer getötet?", konkretisierte Fuchs seine Frage.

„Weiß ich nicht. Ich wüsste nicht, warum es einer gemacht haben sollte. Aber man kann ja in keinen reingucken, nicht? – So, da wären wir." Sie erreichten ein Gatter in einem Zaun. Jenseits davon auf der Wiese standen fünf Zentauren. Fuchs konnte sich an freundlichere Blicke erinnern, die man ihm in seinem Leben zugeworfen hatte.

Zwei der Zentauren trabten näher. Es handelte sich um einen Mann und eine Frau. Der menschliche Teil der Veränderten steckte in einem Leibchen in den Stallfarben des Barons, zwei rote und zwei grüne Karos zierten seine Vorderseite.

„Wen bringst du da an, Gustav?", fragte der männliche Zentaur.

„Wir kommen vom Amt für Ætherangelegenheiten", sagte Fuchs und wies seinen Ausweis vor. „Mein Name ist Fuchs und das ist meine Kollegin, Hauptwachtmeisterin Schädlich." In weiser Voraussicht nannte er bei ihr den

Dienstgrad. „Wir möchten Ihnen einige Fragen zum Tod des Herrn Müller stellen. Zunächst einmal brauchen wir Ihre Namen."

„Ich heiße Max und neben mir steht meine Frau Gabriele. Da hinten", er deutete über die Schulter, „stehen Franziska, Dirk und Dorothea. Sind erst seit drei Wochen bei uns. Unsere Nachnamen tragen wir nicht mehr, seit wir uns verwandelt haben. Pferde haben auch keine Nachnamen."

„Kannten Sie Herrn Müller?"

„Wir sind eine kleine Gemeinschaft", sagte der Zentaur. „Hier kennt jeder jeden. Und der Müller hat schon dafür gesorgt, dass man ihn kennt."

„Wie meinen Sie das?"

„Er war immer hinterher, dass alles tipptopp war in den Ställen. Unsere Aufgabe hier ist die Pflege der Pferde. Und es gab Ärger, wenn da mal einer nachlässig war oder etwas vergessen hatte. Vor einem Jahr ist eine Stute krank geworden, die Rosetta, und Georg hat es nicht bemerkt. Da hat der Müller gleich am nächsten Tag dafür gesorgt, dass der Georg gehen musste."

„Ein möglicher Verdächtiger", stellte Fräulein Schädlich fest.

Max schüttelte den Kopf. „Der Georg ist nach Bayern gegangen. Hat da eine Anstellung bei einem Bauern gefunden, der Pferde hält für Touristen, die durch die Berge reiten wollen. Hat vor Kurzen mal geschrieben. Meint, wir sollten alle da runter zu ihm kommen. Er verdiene da richtig Geld. Nicht nur Essen und ein Dach über dem Kopf."

„So gehört es sich", sagte der Kommissar. „Was ich hier sehe und höre, ist schlimmste Ausbeutung."

Max verzog das Gesicht. „Besser so, als angespuckt und geschlagen werden. Der Müller war ja auch nicht böse. Er wollte nur, dass erledigt wird, was er anweist. Von uns hat dem keiner Übel gewollt."

„Sie betonen das so. Wüssten Sie einen, der ihm übel wollte?"

Max schaute kurz zum Verwalter, als wolle er sich vergewissern, ob er reden könne, aber dann schüttelte er lediglich den Kopf.

„Also niemand?", hakte das Fräulein nach.

„Nein, niemand."

„Naja", meldete sich Gabriele zu Wort. „Der Müller hat halt auch seine Schwäche gehabt, so wie jeder."

„Und die war ...?"

„Er mochte hübsche Frauen. Hat sogar mit unsereiner geschäkert. Natürlich geht da nichts." Die Zentaurendame kicherte. „Aber es machte ihm Spaß zu flirten."

Fräulein Schädlich blickte den Verwalter an. „Stimmt das?"

Wirth zuckte mit den Schultern. „Bei mir hat sich keiner über den Müller beschwert. Keine Frau und auch kein Mann."

„Ihnen ist schon klar, dass das ein erstklassiges Motiv wäre?", sagte Fuchs. „Betrogene Ehemänner waren schon zu allen Zeiten nur zu gern bereit, dem eine Abreibung zu verpassen, der ihnen Hörner aufgesetzt hat."

„Ich kann nur wiederholen, dass ich nichts derartiges gehört habe", sagte Wirth. Er deutete zu den Zentauren. „Wer sagt ihnen denn, dass die sich das nicht bloß ausgedacht haben, um sie auf eine falsche Fährte zu locken?"

„Sie wissen genau, dass wir nicht lügen können", sagte Max mit Würde in der Stimme. „Es ist ein Fluch des Daseins als Zentaur. Wir sehen viel und müssen aussprechen, was wir sehen."

„Sie reden über das dritte Auge?“, forschte Fuchs.

„Manche nenne es so.“ Max klang resigniert.

„Wenn Sie in die Zukunft sehen können, warum sagen Sie uns nicht, wen wir als Täter entlarven werden?“, fragte die Hauptwachtmeisterin.

„Es ist nicht so einfach“, erwiderte Max. „Wir sehen oft nur Teile. Wie bei einem Puzzle, bei dem einem die Hälfte der Stücke abhandengekommen ist. Die Teile sind wild verstreut und ergeben nicht einmal ein komplettes Bild.“

„Ach, das ist doch alles Humbug“, ließ Wirth sich vernehmen. „Ich habe sie ein paar Mal gebeten, mir einen sicheren Sieger für ein Rennen zu nennen. Sie treffen auch nicht sicherer als einer der Jockeys, der aus seiner Erfahrung im Umgang mit den Gäulen urteilt.“

„Weil wir eben nur Teile des Ganzen sehen. Das ist quälend. Ich habe den Müller gesehen, wie er die Box betrat. Und einen Schatten hinter ihm, der ihn verschlang. Da wusste ich, er würde sterben. Aber ich wusste nicht, wann es geschehen würde, und auch nicht, dass es ein Verbrechen geben würde.“

„Warum hast du nichts gesagt?“, fragte Wirth.

„Ihr glaubt uns doch nicht“, sagte Max.

„Das bringt uns alles nicht weiter“, stellte die Hauptwachtmeisterin fest. „Wir sollten mit den Angestellten des Gestüts reden.“

„Meine Kollegin hat recht.“ Fuchs wandte sich von der Koppel ab. „Vor allem sollten wir mit den verheirateten Männern reden. Wenn der Müller wirklich ein Schürzenjäger war, bringt uns das vielleicht weiter.“

„Der Baron wird nicht erfreut sein“, sagte Wirth.

„Das interessiert mich einen feuchten Kehricht", erklärte Fuchs. „Wir unternehmen, was unternommen werden muss. Wo finde ich die Mitarbeiter?"

„Die wohnen alle im Dorf. Das liegt drei Kilometer von hier." Wirth schaute auf die Uhr. „Es ist spät. Sie sollten im Gasthof ein Zimmer nehmen und morgen früh wieder herkommen. Dann haben sie alle zusammen."

„Gut", sagte Fräulein Schädlich.

Fuchs sah einen Augenblick so aus, als wolle er Einwände erheben, aber dann nickte er.

Am nächsten Morgen erschienen Fuchs und Schädlich um neun auf dem Gelände des Gestütes, wo der Tagesbetrieb bereits in vollem Gange war. Die Pferde wurden nach der Morgenarbeit versorgt und gepflegt. Darum kümmerten sich die Zentauren.

Herr Wirth und der Baron traten den Beamten Seite an Seite entgegen.

„Ich habe gehört, Sie wollen mit meinen Angestellten reden", sagte der Baron nach einem kurzen Begrüßungsnicken. „Warum? Ich habe Ihnen doch erklärt, wo Sie den Schuldigen zu suchen haben."

„Nun, wir müssen uns von Tatsachen leiten lassen, nicht von den Wünschen eines Mannes, der auf seinem Grund und Boden gern Gott spielt", erwiderte Fuchs.

„Ihre Impertinenz ist unbeschreiblich!" Der Baron straffte sich und wandte sich ohne ein weiteres Wort ab.

„Was bildet dieser Mann sich ein?" Fuchs schaute seine Kollegin an und deutete zu dem sich entfernenden Baron.

„Er ist der Hausherr“, antwortete Wirth statt der Hauptwachtmeisterin. „Kommen Sie, ich führe Sie zu den Stallungen. Da sind im Moment alle, mit denen Sie sprechen wollen, beisammen.“

Im Laufe der nächsten Stunden unterhielten sich die beiden Beamten mit allen Angestellten des Barons. Einige von ihnen bestätigten die Ansicht der Zentauren über den ermordeten Trainer. Einer der Jockeys sprach von speziellen Reitstunden, die der Herr Müller seiner Frau angeboten habe. Eine pochende Ader an seiner Schläfe zeigte deutlich, dass er noch immer zornig bei dieser Vorstellung wurde.

Zur Mittagsstunde kehrten sie zum Haupthaus zurück. Auf dem Weg dorthin kam ihnen eine attraktive Blondine mit wiegenden Hüften entgegen. Sie schaute kurz zu den Beamten, dann erblickte sie Wirth und ein Lächeln breitete sich auf ihrem Gesicht aus.

Sie trat näher. „Bringst du Gäste zum Essen mit, Schatz?“, fragte sie den Verwalter.

„Meine Frau Veronika“, stellte er vor, ehe er antwortete: „Das sind Mitarbeiter des Amtes für Ætherangelegenheiten. Sie helfen der Polizei bei der Untersuchung des Todes von Trainer Müller.“

Über das Gesicht der jungen Frau zog ein Schatten, als der Name des Toten fiel. Sie schien keine Freundin des Mannes gewesen zu sein. Fuchs und Schädlich wechselten einen kurzen Blick, dann fragte der Kommissar: „Sie mochten den Herrn Müller nicht?“

„Nicht besonders“, sagte Frau Wirth.

„Warum nicht?“

„Er machte anzügliche Bemerkungen. Dachte, alle Frauen auf dem Gelände müssten in Jubelstürme ausbrechen, wenn er ihnen auf den Hintern tatschte. Hielt sich wohl für den wiedergeborenen Casanova."

„Aber Liebling, wie redest du über einen Toten?", intervenierte Wirth.

„Ihr Männer wolltet es ja nicht sehen", sagte Frau Wirth. „Nur ein Klaps, nur ein Spaß, nicht so schlimm. So sind Männer nun einmal. – Nein, so sind Männer nicht, jedenfalls nicht alle. Zum Glück. Du bist ja auch nicht so."

„Ist er Ihnen zu nahe getreten?", fragte Fräulein Schädlich.

„Ich wusste, mich zur Wehr zu setzen, wenn es zu arg wurde."

„Mit einem Messer?", fragte Fuchs.

„Nein, ich habe ihn nicht getötet. Aber es musste mal so kommen. Er ist einfach einmal zu weit gegangen, einmal an die Falsche geraten." Sie schaute ihren Mann an. „Kommst du jetzt essen oder musst du die Herrschaften noch weiter herumführen?"

„Ich komme", sagte er. „Wollen Sie mitkommen? Meine Frau arbeitet in der Küche. Da wird auch das Essen für die gesamte Belegschaft zubereitet. Sicherlich ist auch für Sie beide etwas übrig."

„Gern", sagte Fuchs.

Das Essen verlief schweigsam. Der von Fuchs ausgesprochene Verdacht trug nicht zu einer entspannten Atmosphäre bei. Nach der Mahlzeit verabschiedeten sich die Beamten. Fuchs wollte mit den Polizeibeamten reden, die den Fall bearbeiteten.

„Ich will mehr über die Tatwaffe wissen", erklärte er.

Das Messer, so erfuhren sie, stammte tatsächlich aus der Küche des Barons. Allerdings konnte es praktisch jeder dort genommen haben, denn sie wurde des Nachts nicht abgeschlossen. Fingerabdrücke konnten keine sichergestellt werden.

„Es wurde wohl abgewischt?“, fragte Fuchs.

„Nein, es sieht so aus, als habe der Täter Handschuhe getragen“, erwiderte der Beamte, der ihnen Auskunft gab.

„Aha.“ Fuchs wandte sich zu Fräulein Schädlich um. „Ich glaube, jetzt können wir wieder zurück zum Gut fahren.“ Er wandte sich erneut dem Polizeibeamten zu. „Könnten Sie uns zwei Ihrer Kollegen mitgeben? Sie sollen eine Verhaftung vornehmen.“

„Eine Verhaftung? Haben Sie denn Beweise gefunden, die das rechtfertigen?“

„Wir werden sie bekommen. Vertrauen Sie mir.“

Fräulein Schädlich beugte sich zu Fuchs hinüber. „Was haben Sie vor?“

„Wir brauchen ein Geständnis“, sagte Fuchs. „Wir warten am Wagen auf die Kollegen von der Polizei.“ Er setzte sich in Bewegung.

Der Polizeibeamte schaute ihm mit offenem Mund nach. „Soll ich wirklich zwei Beamte mitschicken?“

„Ich denke, ja. Kommissar Fuchs weiß gewöhnlich, was er tut.“ Fräulein Schädlich lächelte den Beamten gewinnend an und wandte sich ebenfalls zum Gehen.

Eine Viertelstunde später erreichten die beiden Wagen, der mit Fuchs und Schädlich und jener mit den beiden Polizeibeamten, das Anwesen des Barons von Volrath. Fuchs sprang eilig aus dem Auto und war schon in Richtung der Koppel unterwegs, wo sich gewöhnlich die Zentauren aufhielten, ehe die Polizisten überhaupt ausgestiegen waren. Er wandte sich kurz um und rief der Hauptwachtmeisterin zu, sie solle mit den Beamten bei den Wagen warten, er wolle nur kurz etwas klären.

An der Koppel legte Fuchs die Hände als Schalltrichter an den Mund und rief nach dem Zentaur Max. Er musste zwei oder drei Minuten warten, dann trabte dieser näher.

„Was will das Amt noch von uns?“

„Ich brauche eine Auskunft. Es geht noch immer um den verstorbenen Herrn Müller. Und um Frau Wirth. Was ist da vorgefallen? Sie wissen es. Oder etwa nicht?“

Der Zentaur schaute Fuchs nur schweigend an.

„Ist Müller Frau Wirth zu nahe getreten? Ja oder nein?“

„Wir mengen uns nicht in die Angelegenheiten der Unverwandelten“, sagte Max.

„Das ist ein ja, oder?“ Fuchs sprach drängend.

„Ich habe es gesehen in der Nacht. Frau Wirth mit zerrissener Bluse, die aus einem Stall lief. Tränen in den Augen. Und Müller trat hinter ihr aus der Tür. Es muss am nächsten Morgen geschehen sein.“

„Sie hätten die Frau warnen können.“

„Wir sehen die Zukunft. Wir greifen nicht ein. Man darf nicht mit den Dingen spielen, die geschehen sollen.“

Fuchs wusste, dass der Zentaur eine tiefe Wahrheit aussprach. Man spielte nicht mit der Zeit – nicht mit der Vergangenheit und nicht mit der Zukunft. Zu wissen und nicht handeln zu dürfen, musste eine große Bürde sein. Diese Wesen mussten sie tragen.

„Gut. Danke, dass Sie mir gesagt haben, was ich wissen wollte. Ich habe es mir bereits gedacht.“

„Sie werden jemanden ins Gefängnis bringen“, sagte der Zentaur.

„Ich muss. Es ist nicht recht, Menschen zu töten.“

„Es ist auch nicht recht, über eine Frau herzufallen“, sagte Max.

„Sie hätte es anzeigen müssen. Mord ist keine Lösung.“

„Manchmal ist der Zorn in solchen Augenblicken übermächtig. Manchmal handelt der Körper, bevor der Geist eine vernünftige Lösung präsentieren kann. In uns allen stecken alte Instinkte, das Wesen von Tieren. Bei uns, die wir verwandelt wurden, ist dieses Wesen sichtbarer als bei anderen.“

„Menschen sollten dem Tier nicht gestatten, das Handeln zu übernehmen“, sagte Fuchs.

Max schaute den Beamten durchdringend an. „Auch Sie lassen es manchmal zu, nicht wahr?“

„Aber ich bemühe mich, es zu zähmen.“

„Das ist gut.“ Der Zentaur wandte sich ab und schritt gemessen davon. Fuchs blickte ihm noch einige Sekunde nach, ehe er sich abwandte und zu Fräulein Schädlich und den Polizisten zurückkehrte.

Sie klingelten am Haupthaus. Der Butler Wolfgang öffnete die Tür und verkündete: „Der Herr Baron ist für Sie nicht zu sprechen.“

Fuchs atmete einmal tief ein und aus, dann sagte er mit ruhiger Stimme: „Wir wollen zu den Wirths. Können Sie mir sagen, wo wir sie jetzt finden?“

„Frau Wirth ist in der Küche und Herr Wirth wird wohl bei den Stallungen sein. Zur Küche benutzen Sie bitte den Dienstboteneingang.“ Wolfgang trat einen Schritt zurück und schloss die Tür vor Fuchs‘ Nase.

Fuchs wandte sich um. „Hauptwachtmeisterin, würden Sie bitte Herrn Wirth holen? Sagen Sie ihm, es gehe um seine Frau. Er wird in der Küche benötigt.“

Das Fräulein wandte sich um und marschierte kommentarlos davon.

„Und Sie, meine Herren, folgen mir“, wandte sich Fuchs an die Polizeibeamten.

Gemeinsam betraten sie den Küchenraum, wo die Vorbereitungen für das Mittagsmahl des Barons und der Mitarbeiter des Gestüts im vollen Gange waren. Dampf wallte aus mehreren Töpfen. Frau Wirth stand an einem Tisch und hackte Kräuter. Eine weitere Küchenkraft rupfte ein Huhn.

Fuchs trat an die Frau des Verwalters heran. „Darf ich Sie einen Moment stören, Frau Wirth? Es ist wichtig.“

Sie wischte die Hände an der Schürze ab, während sie zu den Beamten trat. „Was wollen Sie von mir?“

„Es geht noch immer um den Mord an Herrn Müller. Können Sie mir sagen, wo Sie in der Nacht waren, als er getötet wurde?“

„Wo soll ich schon gewesen sein? Im Bett bei meinem Mann, wie es sich für eine Ehefrau gehört.“

„Ihr Gatte wird das bestätigen?“

„Natürlich.“

„Natürlich“, echote Fuchs. „Was sonst? Er ist immerhin Ihr Mann, nicht wahr? Er würde auch für Sie lügen.“

„Was wollen Sie damit andeuten?“

Fuchs schwieg und sah sich in der Küche um. Er entdeckte einen Messerblock. Zwei Plätze darin waren unbesetzt. Er ging zu dem Objekt hinüber, zog eines der verbliebenen Messer heraus und betrachtete es. „Erstklassige Arbeit“, sagte er schließlich. Er schaute Frau Wirth an. „Wo sind die beiden anderen Messer?“

„Eines benutze ich gerade, um Kräuter zu hacken und das andere ist bei der Polizei. Aber das wissen Sie sicherlich.“

„Was geht hier vor?“ Herr Wirth war in die Küche getreten und fand seine Frau von Beamten umringt vor.

„Die Polizei wird Ihre Frau jetzt verhaften. Sie ist dringend verdächtig, den Trainer Erwin Müller erstochen zu haben“, sagte Fuchs. Er wandte sich an einen der Polizeibeamten: „Machen Sie die Dame mit ihren Rechten vertraut.“

„Das ist ja Wahnsinn!“, rief der Verwalter aus. „Wie kommen Sie auf diese Idee?“

„Ihre Frau“, erklärte Fuchs, „wurde von Herrn Müller belästigt. Er hat versucht, sich an ihr zu vergehen. Sie hatte genug von diesem Mann, für den Frauen wohl eine Art Freiwild waren. Also ging sie hierher in die Küche, wo sie genügend scharfe Waffen zu finden wusste, nahm sich eine davon und löste das Problem.“

„Nein!“ Frau und Herr Wirth riefen es gleichzeitig aus.

„Ich habe einen Zeugen.“ Fuchs schaute Frau Wirth fest in die Augen.

„Das kann nicht sein“, trompetete Herr Wirth.

Fuchs fuhr herum. „Woher wollen Sie das wissen? Waren Sie dabei?“

„Nein, ich ... Meine Frau hat neben mir im Bett gelegen.“

„Oh, Eheleute lügen gern für den geliebten Partner“, sagte Fuchs.

„Ich jedenfalls habe mit den Zentauren gesprochen. Sie haben das zweite Gesicht, wissen Sie?“

Herr Wirth schnaubte. „Diese Veränderten! Wir waren immer gut zu ihnen. Was haben wir ihnen getan, dass sie Lügen über meine Frau verbreiten?“

„Sie können nicht lügen und das wissen Sie“, erklärte Fuchs.

„Pah! Diesmal haben sie gelogen.“ Wirth straffte sich und trat direkt vor Fuchs. Sie standen sich beinahe Nase an

Nase gegenüber. „Meine Frau hat dieses Schwein, das sich Trainer nannte, nicht erstochen."

„Und wieso sind Sie da so sicher?"

„Weil ich es war!"

„Das dachte ich mir", sagte Fuchs mit sanfter Stimme. „Aber wir brauchten ein Geständnis. Tut mir leid." Er trat einen Schritt zurück und sagte: „Meine Herren, walten Sie ihres Amtes." Dann wandte er sich ab.

Zwei Tage später wurde Kommissar Fuchs in den frühen Morgenstunden zu Amtsrat Gerber ins Büro beordert.

„Bin mal gespannt, was er diesmal von mir will", sagte Fuchs zu seiner Kollegin. „Er klang ein wenig ungehalten am Telefon."

„So klingt er doch meistens", sagte das Fräulein. „Alles, was wir hier tun, stört ihn in seiner Ruhe."

Fuchs trat kurze Zeit später in Gerbers Büro. Der Amtsrat saß hinter seinem Schreibtisch, vor ihm lag ein aufgeschlagener Aktenordner.

„Können Sie sich denken, warum ich Sie hierher bestellt habe?", bellte er seinen Beamten an.

„Nein", sagte Fuchs wahrheitsgemäß.

„Sie werden vom Außendienst abgezogen, Herr Fuchs! Es liegt eine Beschwerde wegen Insubordination beim Innenminister gegen Sie vor. Dieser hat mich beauftragt, die Angelegenheit zu bereinigen."

„Reden wir von diesem feinen Baron, der Veränderte ohne Lohn beschäftigt?"

„Wir reden von einem engen Vertrauten mehrerer Politiker, von einem Mann mit Macht und Einfluss, den Sie mehrfach beleidigt haben. Sie werden ab sofort in den Innendienst versetzt. Hauptwachtmeisterin Schädlich wird ab heute mit Kommissar Ratetzki zusammenarbeiten. Sie übernehmen Ratetzkis Platz in der Asservatenkammer."

„Aber ..."

„Kein Aber, Fuchs. Über eine Degradierung wird noch entschieden. Ansonsten erhalten Sie einen Innendienstgrad, der Ihrer derzeitigen Stellung im Amt entspricht. Sie können froh sein, dass Sie nicht ganz aus dem Dienst des Amtes entfernt werden, nach dem, was Sie sich geleistet haben."

Fuchs stand wie festgefroren. Er wusste nicht, was er noch tun oder sagen sollte. Er musste seinen Platz räumen, die Investigationsabteilung verlassen. Und alles nur, weil ein eingebildeter Schnösel, der Veränderte wie Tiere behandelte, sich über ihn beschwert hatte, weil er die Worte auf dem Amtssiegel noch ernst nahm.

„Sie können gehen, Fuchs. Schicken Sie mir Fräulein Schädlich."

„Hauptwachtmeisterin", murmelte Fuchs automatisch.

„Hauen Sie ab, Mann, ehe ich mich vergesse!" Gerber war hinter dem Schreibtisch aufgesprungen. Sein Gesicht war ungesund rot angelaufen.

Fuchs verließ das Büro. Man hatte ihn ausgeschaltet. Wer immer im Amt ein doppeltes Spiel trieb, von ihm drohte jetzt keine Gefahr mehr.

David Pawn, 15.12.2019

~ Wird vermutlich fortgesetzt ~

Danksagung

Auch bei dieser Geschichte aus der Ætherwelt gilt mein erster und ganz besonderer Dank deren Schöpferin Anja Bagus. Außerdem danke ich den Mitgliedern der Facebook-Gruppe „Ætherwelt Geschichten Autoren“. Leute, bei euch ist immer etwas los!

Weiterhin möchte ich meiner Lektorin Ann-Sophie Schnitzler danken, die mich auch dieses Mal sicher durch die Tücken der deutschen Sprache geleitet hat.

Nicht vergessen möchte ich Jacqueline Spieweg, die das wunderschöne Cover gestaltet hat.

Und natürlich danke ich Silvia Klöpper, die mir in ihrem Verlag die Chance gegeben hat, eine weitere meiner verrückten Ideen mit den Lesern zu teilen.

Über den Autor

David Pawn, geboren 1961 in Magdeburg, lebt heute in Dresden, ist glücklich verheiratet und ist stolz auf seine beiden erwachsenen Kinder. Bereits als Kind lebte er seine Fantasie beim Schreiben aus und blieb diesem Hobby auch während des Studiums treu.

Der studierte Diplom-Ingenieur arbeitet heute hauptberuflich als Softwareentwickler in Leipzig und ist somit gezwungen, täglich zu pendeln. Die Zeit im Zug vertreibt er sich sinnvoll mit dem Schreiben seiner Geschichten. Ursprünglich eher im Grusel- und Horrorgenre beheimatet, wechselte er inzwischen ins Fantasy-Fach.

Als seinen bisher größten Erfolg betrachtet er die Zaubertränke-Reihe, die Motive aus den bekannten Romanen von J.K.Rowling aufgreift, um diese in einer eigenen Welt in Deutschland zu verarbeiten.

Er neigt dazu in seinen Büchern Helden zu erschaffen, die diese Bezeichnung nur eingeschränkt verdienen, sondern eher durchschnittliche Typen sind, die im Laufe der Geschichte über sich hinauswachsen müssen. Außerdem betrachtet er die Dinge gern mit einem Augenzwinkern. Er ist aktives Mitglied der Autorenvereinigung "Qindie" - www.Qindie.de.

Ebenfalls von David Pawn

Amortentia

Hat sich mancher Leser von Harry Potter nicht auch schon einmal gefragt, wo es in Deutschland Zauberer gibt, wo diese hierzulande ausgebildet werden, ob "Muggel" eine politisch korrekte Bezeichnung ist und wie weit Zauberer gehen, wenn sie das Herz einer Frau bzw. ihren Schoß erobern wollen?

Sophus Schlosser ist Fachzauberer für mechanische magische Objekte, vulgo Besenbinder, in Wernigerode. In seiner Freizeit braut er Liebestränke und nutzt deren Wirkung in diversen Bars weidlich aus.

Dann läuft ihm Lyra Bascomb über den Weg, die mit ihren Eltern aus Schottland geflohen ist, als der Bürgerkrieg der Zaubererschaft ausbrach, weil der, dessen Name nicht genannt werden darf, an die Macht kam. Es ist Liebe auf den ersten Blick. Wirkliche Liebe. Dennoch erliegt Sophus der Versuchung, auch Lyra mit einem Liebestrank gefügig zu machen - noch ahnt er nicht, dass er nicht nur keine Muggelfrau vor sich hat, sondern eine echte Muggelistin - eine Kämpferin für die Gleichberechtigung der nichtmagisch Begabten und eifrige Leserin der "Hermine".

Damit beginnen Sophus' Sorgen, denn am nächsten Morgen wird er verhaftet. Lesen Sie weiter, wie Sophus zu wahrer Liebe findet und für diese kämpft. Ein Buch das augenzwinkernd die Welt der Zauberer von einer neuen Seite zeigt.

"Diese Geschichte sei all denen eine Lehre, die noch immer zu Zaubertränken greifen, wenn sie uns erobern wollen." Aronia Grünberg in der aktuellen "Hermine"

"Boah, eye, geil." - Buchkritik der "Bild der Magie"

Inhaltsverzeichnis